机械工程与设备管理研究

陈维波　李广娟　高　江　主编

汕头大学出版社

图书在版编目（CIP）数据

机械工程与设备管理研究 / 陈维波，李广娟，高江
主编 . -- 汕头：汕头大学出版社，2022.9
　　ISBN 978-7-5658-4811-7

　　Ⅰ．①机… Ⅱ．①陈… ②李… ③高… Ⅲ．①纺织工
业－工业企业管理－设备管理 Ⅳ．① F407.816.4

中国版本图书馆 CIP 数据核字（2022）第 180897 号

机械工程与设备管理研究
JIXIE GONGCHENG YU SHEBEI GUANLI YANJIU

主　　编：陈维波　李广娟　高　江
责任编辑：黄洁玲
责任技编：黄东生
封面设计：刘梦杳
出版发行：汕头大学出版社
　　　　　广东省汕头市大学路 243 号汕头大学校园内　邮政编码：515063
电　　话：0754-82904613
印　　刷：廊坊市海涛印刷有限公司
开　　本：710mm×1000mm　1/16
印　　张：10.25
字　　数：170 千字
版　　次：2022 年 9 月第 1 版
印　　次：2023 年 1 月第 1 次印刷
定　　价：48.00 元
ISBN 978-7-5658-4811-7

编委会

前　言

　　机械工程是关于研究、设计、制造和运用各类机器和机械设备的工程技术，涉及范围极其广泛。近年来，随着现代科学的发展，尤其是微电子技术、信息科学、材料科学迅猛发展，机械工业发生了深刻变化，机械制造技术不断更新改造，机械工程技术与高新科技融为一体，浑然天成。随着工业生产和科学技术的不断发展，机械工程控制越来越为人们所重视。原因是它不仅能满足今天自动化技术高度发展的需要，而且与信息科学和系统科学紧密相关。更重要的是，它提供了辩证的系统分析方法，即它不但从局部，而且从总体上认识和分析机械系统，从而对其进行改进和完善，以满足科技发展和工业生产的实际需要。

　　如今，设备管理已发展成为一门独立的综合性学科，它将设备寿命周期全过程的管理作为现代设备管理的主要内容。本书重点对纺织设备管理进行了介绍。纺织设备管理作为纺织企业管理的一个重要领域，直接影响到纺织企业的生产经营，关系到纺织企业的长远发展和兴衰成败。市场竞争给纺织企业设备管理带来了新的机遇与挑战。所以，把握现代纺织企业的发展趋势，探索纺织设备管理的基本原理和方法，对提高纺织企业设备管理水平，增强纺织企业竞争能力具有重要的现实意义。纺织企业管理者必须提高纺织设备管理的地位，充分发挥设备效能，才能为企业创造出最好的经济效益和社会效益。以清梳联、高速高效能精梳、紧密纺、自动络筒、无梭织机为特征的新型先进装备比重继续加大，纺织加工能力不断提高，新型纤维材料、新工艺、新技术等日益成熟并快速普及应用，对现代纺织企业的生产管理提出了更高的要求。

本书突出了基本概念与基本原理，在写作时尝试多方面知识的融会贯通，注重知识层次递进，同时注重理论与实践的结合。由于作者水平和时间有限，内容涉及的学科与技术领域较多等原因，书中难免存在疏漏和不足之处，敬请广大读者批评指正。

目　录

第一章　机械工程中的机构、零件与机器组成 ……………………………1

　第一节　机器的功能与机构 ……………………………………………1

　第二节　间歇运动机构 …………………………………………………13

　第三节　常用机械零件 …………………………………………………15

　第四节　机器的组成 ……………………………………………………28

第二章　机电控制基础 ………………………………………………………33

　第一节　工业控制系统概述 ……………………………………………33

　第二节　经典控制方法 …………………………………………………37

　第三节　先进控制方法 …………………………………………………40

　第四节　伺服控制基础 …………………………………………………44

　第五节　数控技术基础 …………………………………………………54

第三章　机械设计 ……………………………………………………………62

　第一节　机械设计概述 …………………………………………………62

　第二节　机械设计过程 …………………………………………………68

第三节　现代设计方法 ··· 71

第四节　现代设计常用工具软件 ·· 88

第四章　纺织设备管理 ··· 96

第一节　纺织设备及纺织设备管理 ·· 96

第二节　我国纺织设备管理制度的特点 ······································· 103

第三节　设备管理的组织领导和责任制度 ··································· 108

第四节　纺织设备的选择和评价 ·· 111

第五节　全员生产维修管理——TPM ··· 114

第六节　进口设备的维修与管理 ·· 117

第五章　纺织设备的使用与维护管理 ·· 119

第一节　纺织设备技术状态及完好标准 ······································· 119

第二节　纺织设备的使用管理 ·· 121

第三节　纺织设备的维护保养管理 ··· 130

第四节　纺织设备的润滑管理 ·· 142

参考文献 ··· 156

第一章

机械工程中的机构、零件与机器组成

第一节　机器的功能与机构

一、工程中常用机构的基本类型

（一）机构的基本型

机构的基本型是指最基本的、最常用的机构形式。

1.全转动副四杆机构的基本型

全转动副四杆机构的基本型为曲柄摇杆机构，可演化为双曲柄机构、双摇杆机构。曲柄摇杆机构的曲柄可以绕转动副中心做整周运动，摇杆则只能在一定的角度范围内做往复摆动。曲柄摇杆机构的运动特点是能够将原动件的等速转动变为从动件的不等速往复摆动；反之，可将原动件的往复摆动变为从动件的圆周运动。

2.含有一个移动副四杆机构的基本型

含有一个移动副四杆机构的基本型为曲柄滑块机构，可演化为转动导杆机构、移动导杆机构、曲柄摇块机构、摆动导杆机构。

3.含有两个移动副四杆机构的基本型

含有两个移动副四杆机构的基本型为正弦机构，可演化为正切机构、双转块机构、双滑块机构。

4.圆柱齿轮传动机构的基本型

圆柱齿轮传动机构的基本型为外啮合直齿圆柱齿轮传动机构，可演化为斜齿圆柱齿轮传动机构、人字齿圆柱齿轮传动机构（可用渐开线齿形，也可用摆线齿形和圆弧齿形），还可以演化为行星齿轮传动机构。

5.锥齿轮传动机构的基本型

锥齿轮传动机构的基本型为外啮合直齿锥齿轮传动机构，可演化为斜齿锥齿轮传动机构和曲齿锥齿轮传动机构。

6.蜗杆传动机构的基本型

蜗杆传动机构的基本型为阿基米德圆柱蜗杆传动机构，可演化为延伸渐开线圆柱蜗杆传动机构、渐开线圆柱蜗杆传动机构。

7.内啮合行星齿轮传动机构的基本型

内啮合行星齿轮传动机构的基本型为渐开线圆柱齿轮少齿差行星传动机构，可演化为摆线针轮传动机构、谐波传动机构、内平动齿轮传动机构、活齿传动机构。

8.直动从动件平面凸轮机构的基本型

直动从动件平面凸轮机构的基本型为直动对心尖底从动件平面凸轮机构，可演化为直动对心滚子从动件平面凸轮机构、直动对心平底从动件平面凸轮机构、直动偏置从动件平面凸轮机构。

9.摆动从动件平面凸轮机构的基本型

摆动从动件平面凸轮机构的基本型为摆动尖底从动件平面凸轮机构，可演化为摆动滚子从动件平面凸轮机构、摆动平底从动件平面凸轮机构。

10.直动从动件圆柱凸轮机构的基本型

直动从动件圆柱凸轮机构的基本型为直动滚子从动件圆柱凸轮机构。

11.摆动从动件圆柱凸轮机构的基本型

摆动从动件圆柱凸轮机构的基本型为摆动滚子从动件圆柱凸轮机构。

12.带传动机构基本型

带传动机构基本型为平带传动机构，可演化为V带传动机构、圆带传动机构、活络V带传动机构、同步齿形带传动机构。

13.链传动机构的基本型

链传动机构的基本型为套筒滚子链条传动机构，可演化为多排套筒滚子链条传动机构、齿形链条传动机构。

14.液、气传动机构基本型

液、气传动机构基本型为缸体不动的液压油缸和气缸，运行形式主要为摆动。

15.螺旋传动机构的基本型

螺旋传动机构的基本型为三角形螺旋传动机构，可演化为梯形螺旋传动机构、矩形螺旋传动机构、滚珠丝杠传动机构。

（二）机构组合

单一的机构经常不能满足不同的工作需要。把一些基本机构通过适当的方式连接起来，组成一个机构系统，这称为机构组合。在这些机构的组合中，各基本机构都保持原来的结构和运动特性，都有自己的独立性。在机械运动系统中，机构组合的应用很多。

（三）组合机构

组合机构与机构组合有本质不同。组合机构是指若干基本机构通过特殊的组合而形成的一种具有新属性的机构。组合机构中的各基本机构已不能保持各自的独立性，也不能用原基本机构的分析和设计方法进行组合机构的设计。每种组合机构都有各自的分析和设计方法。对组合机构的开拓是机构创新设计的重要方法之一。常见的组合机构有齿轮–连杆组合机构、齿轮–凸轮组合机构，凸轮–连杆组合机构。组合机构常用于完成复杂运动的机械系统中。适当选择机构尺寸与齿轮的传动比，可得到预定的连杆曲线。

二、机械运动形态与变换

机械的主要特征就是要有运动的变换和运动的传递。没有机械运动的装置不是机械，可见机械的本质离不开机械运动。尽管机械中的传动机构、工作执行机构的种类很多，但其运动形式却是有限的。因此，了解基本的运动形式及其实现方法将为机械创新设计提供良好的基础，有助于增强以知识为核心的创造力。

机械通过运动来实现某种动作，从而达到预定的目的。而组成机械运动部件的运动形态只有定轴转动（含摆动和间歇转动）、往复移动及平面运动三种。

实现这三种基本运动形态的机构种类很多，它们起到运动形式变换、运动速度变换、运动的传递、运动的合成及分解的作用。这里的机构是指广义机构，它们能实现各种不同的运动形态。

因机械中所使用的原动机大多是电动机或内燃机，它们的输出均是定轴转动，故以转动为基本运动形式的变换最为常用。

（一）连续转动到连续转动的运动变换与实现机构

连续转动到连续转动的运动变换是机械中最常见的运动形式，用于运动、动力的传递和运动速度的变换。能实现这种运动形式变换的机构有齿轮传动机构、蜗杆传动机构、摩擦轮传动机构、带传动机构、链传动机构、绳索传动机构、液–力传动机构、钢丝软轴传动机构、瞬心线机构、万向联轴器等。

1.齿轮传动机构

由于机械中作为原动机的电动机或内燃机转速较高，而工作机构的速度一般较低，为协调原动机和执行机构之间的运动关系，齿轮传动机构成为机械中应用最广泛的传动机构，用于运动、速度的变换并传递动力。它常用于各种减速器、汽车变速箱和各种机床中。

齿轮传动是依靠两齿轮轮齿之间直接接触的啮合传动。它可以用来传递平行相交轴或交叉轴之间的运动和动力。

齿轮传动机构的类型很多，主要有以下几种。

（1）直齿圆柱齿轮传动机构。直齿圆柱齿轮传动，简称直齿轮传动，它的轮齿与齿轮轴线相平行。直齿圆柱齿轮传动机构主要用于传递两平行轴之间的转动。

（2）斜齿圆柱齿轮传动机构。斜齿圆柱齿轮简称斜齿轮，它的轮齿与齿轮轴线倾斜了一个角度。斜齿轮也是用于传递两平行轴之间的转动的。斜齿轮传动与直齿轮传动相比，由于轮齿倾斜了一定角度，传动平稳。但由于有轴向力存在，这对轴承不利。为了限制轴向力的大小，减少轴向力的影响，当轴向力比较大时，可采用人字齿轮，因为人字齿轮左右两侧的轴向力可以相互抵消。

（3）锥齿轮传动机构。锥齿轮传动机构可以传递两相交轴之间的转动。

齿轮传动是应用广泛的一种机械传动形式。它与其他传动形式（如带传动、链传动等）相比，具有如下优点：能保证瞬时传动比恒定不变；传动效率高；允许的载荷大；结构紧凑；工作可靠且使用寿命长。齿轮传动的主要缺点是：对齿轮的制造和安装精度要求较高，因此成本高；当两轴之间的距离较大时，不宜采用齿轮传动。

2.蜗杆传动机构

蜗杆传动机构主要由蜗杆和蜗轮组成。蜗杆传动机构是用来传递两空间相错90°轴之间的运动和动力的。在传动过程中，通常蜗杆是主动的，蜗轮是从动的。就工作原理来讲，蜗杆传动也是通过蜗杆和蜗轮轮齿的直接接触进行的啮合传动。其优点是可以获得较大的降速比，且结构紧凑、传动平稳、噪声小，但是它的传动效率低，在工作时需要良好的润滑。

3.摩擦轮传动机构

摩擦轮传动机构难以传递过大的动力，主要应用在仪器中传递运动，如收录机中磁带的前进与倒退运动就是靠摩擦轮传动实现的。

4.带传动机构

带传动分为平带传动、圆带传动、V带传动、同步齿形带传动等多种形式。其中平带传动和圆带传动可交叉安装，实现反向传动。

带传动的优点：结构简单，成本低廉；由于带具有良好的弹性，所以能减缓冲击，减轻振动；由于是摩擦传动，过载时传动带在带轮上打滑，因而可防止机器损坏。带传动适用于主动轴和从动轴间中心距较大的传动。但带传动不能保证准确的传动比，并且摩擦损失大，传动效率较低，外廓尺寸也较大。

5.链传动机构

链传动机构是由主动链轮从动链轮和链条所组成的。在传动过程中，通过链条的链节与链轮上的轮齿相啮合来传递两平行轴间的运动和动力，因此链传动是一种依靠中间挠性件（链条）的啮合运动。

链传动是啮合传动，它可以保证传动过程中的平均传动比不变，但链传动的瞬时传动比是变化的，因此在链传动中存在冲击、振动和噪声。

与带传动相比，链传动的平均传动比不变；由于链传动是啮合传动，所需的张力小，故链传动作用在传动轴上的力较小，它可在低速下传递较大的载荷，能在油污尘埃等恶劣环境中工作。但链传动的传动平稳性较差，安装精度要求较高。根据链传动的特点可知，链传动适用于要求平均传动比不变和传动轴中心距较大的场合。它广泛应用于交通机械、矿山机械、石油机械、农业机械、机床及轻工机械中。摩托车、自行车的链传动是人们最熟悉的。

6.绳索传动机构

除具有带传动的功能外，绳索传动机构还具有独特的作用。由于一轮缠绕，另一轮退绕，两轮中间可有多个中间轮。但不能传递较大的载荷。

7.液-力传动机构

液-力传动利用液体的动能把主动轮的转动传递到从动轮，也称为液力耦合器。在以内燃机为原动机的车辆中常使用液-力传动装置。

8.钢丝软轴传动机构

钢丝软轴的内部由钢丝分多层缠绕而成。由于用软轴相连接，主从动件的位置具有随意性。

9.连杆机构

能实现转动到转动运动变换的连杆机构有双曲柄机构、平行四边形机构、转动导杆机构及双转块机构等。双曲柄机构转动导杆机构都有运动急回特征，在要求有周期性快、慢动作的机械中得到广泛应用。

10.万向联轴器

万向联轴器实际上是一种空间连杆机构，可分为单万向联轴器和双万向联轴器。单万向联轴器提供变速转动，双向联轴器提供等速转动。万向联轴器广泛应用在不同轴线的传动机构中。

（二）连续转动到间歇运动的运动变换与实现机构

在生产中，某些机构常需要时动时停的间歇运动，如刨床中的进给运动，自动机床中的进给送料、刀架转位、成品输送等运动。这些都需将电动机输出的连续转动转换成间歇运动。完成这种运动的机构很多，常见的转换机构有棘轮机构、槽轮机构、不完全齿轮机构、分度凸轮机构等。下面介绍两种主要的间歇运动机构。

1.槽轮机构

槽轮机构又称马氏机构，在自动机械中应用广泛。槽轮机构由装有圆柱拨销的拨盘和具有径向槽的槽轮及机架组成。拨盘上有一个带缺口的圆盘，该圆盘起定位作用。拨盘是主动件，做匀速转动。槽轮是从动件，时而转动，时而静止，做间歇运动。当拨盘上的圆柱拨销进入槽轮的开口槽中时，拨盘上的定位圆盘外凸圆弧面与槽轮的内凹圆弧面开始脱离接触，拨盘通过圆柱销驱使槽轮转动。当拨盘和槽轮各自转过一定的角度后，圆柱销与槽轮的开口槽分开，而拨盘继续转动，这时槽轮的内凹圆弧面被拨盘上的定位外凸圆弧面卡住，故槽轮静止不动。当拨盘再继续回转一定的角度，圆柱销又进入槽轮的另一个开口槽中，驱使槽轮又转动。这样周而复始，槽轮便获得单向的间歇转动。

电影放映机卷片机构就应用了槽轮机构的原理来控制影片的间歇运动。其槽轮工具有4个径向槽，拨盘上装有1个圆柱拨销。拨盘转1周，拨销就拨动槽轮转动1/4周，胶片移动1个回格，并停留一定时间（即放1个画格）。拨盘继续转动，重复上述运动。电影就是利用人的视觉暂留现象来进行的，当每秒钟放映24幅画面时，人的视觉就会感受到连续运动的画面。

2.棘轮机构

棘轮机构是含有棘轮和棘爪的步进运动机构。棘轮机构主要由棘轮、棘爪和机架组成。棘轮与传动轴固联，驱动棘爪较接于主动件摇杆上，摇杆套在传动轴上，它可以绕传动轴转动。当摇杆顺时针方向摆动时，与它相连的驱动棘爪插入棘轮的齿槽内，推动棘轮转过一定的角度。当摇杆逆时针方向摆动时，驱动棘爪便在棘轮背上滑动。这时，制动棘爪插入棘轮的齿间，阻止棘轮逆时针方向转动，故棘轮静止。因此，当摇杆往复摆动时，棘轮做单向的间歇运动。

棘轮机构应用广泛，现举两个实例加以说明。

（1）牛头刨床工作台横向进给机构就是棘轮机构的一种典型应用。工作时，由电动机通过齿轮传动，带动偏心销做连续回转，偏心销通过连杆带动摇杆和棘爪做往复摆动，从而使摇杆上的棘爪驱动棘轮做单向间歇运动。此时，与棘轮固接的丝杆便带动工作台做横向进给运动。

（2）起重设备中的棘轮制动器。在提升重物时，与棘轮连接在一起的卷筒逆时针转动，绕在卷筒上的钢丝绳把重物向上提起。此时固定在机架上的棘爪在棘轮的齿背上滑过。当需要该重物停在某一位置时，在重物重力作用下，棘轮顺时针方向转动，此时棘爪将及时插入棘轮的相应齿槽中，实现了制动，并防止重物下落。

综上所述，棘轮机构的特点是结构简单，改变转角时方便，但它传递的动力不大，且传动平稳性差。因此，只适用于转速不高、转角不大的低速传动。

（三）连续转动到往复摆动的运动变换与实现机构

1.曲柄摇杆机构

颚式破碎机：运动由电动机传给带轮，带动与带轮固联在一起的偏心轴绕回转中心旋转，偏心轴带动动颚运动。在动颚与机架之间装有肘板，从而使动颚做复杂的摆动，不断挫挤大块石料，完成破碎工作。

从以上分析可知，颚式破碎机是一个由机架、主动件偏心轴、从动件动颚和肘板等四构件组成的曲柄摇杆机构。当曲柄为主动件时，曲柄转一周，可使摇杆往复摇动一次，即将原动机输出的连续转动变成了工作机的往复摆动。

曲柄摇杆机构也有以摇杆为主动件、曲柄为从动件的情况，此时，可使摇杆的往复摆动转变成曲柄的连续转动，如人们生活中使用的缝纫机。

2.凸轮机构

凸轮机构除了能将转动转变成往复的摆动外，还能将连续的旋转运动转变成直线运动。如自动车床的进刀机构。当凸轮匀速转动时，它的轮廓驱使扇形齿轮推杆（从动件）按预定的运动规律绕中心轴往复摆动，以推动齿条移动，从而带动刀架座往复移动。

（四）连续转动到往复直线移动的运动变换与实现机构

有很多机器是以电动机作动力源的，而电动机输出的运动形式是连续的转动，当执行机构要求做直线运动时，这就需要将转动转换为直线运动。实现连续转动到往复直线移动的运动变换机构有曲柄滑块机构、正弦机构、凸轮机构、带或链传动机构、齿轮齿条机构、螺旋传动机构及一些机构的组合等。

1.螺旋传动机构

螺旋传动机构由螺杆（也称丝杠或螺旋）和螺母组成，螺杆置于螺母中。当转动螺杆时，螺杆上的螺旋沿着螺母的螺旋槽运动，从而将旋转运动变换为直线移动，同时传递运动及动力。

螺旋传动按其用途可分为以下3类。

（1）传力螺旋。传力螺旋以传递动力为主，通常的紧固螺栓螺母属于这一种。它要求用较小的转矩转动螺旋（或螺母），使螺旋（或螺母）产生轴向运动和较大的轴向力，这个轴向力可以把两个物体牢固地连接在一起，也可以用来做各种笨重的工作。

（2）传导螺旋。传导螺旋以传递运动为主，要求具有较高的运动精度，如机床刀架或工作台的进给机构。

（3）调整螺旋。调整螺旋用于调整移动构件和固定零部件间的相对位置，如车床尾座螺旋、螺旋测微器等。

2.齿轮齿条传动机构

齿轮齿条传动机构由齿轮与齿条组成，当齿轮为主动件时，它可以将旋转运动转换为直线运动。如龙门刨床的工作台往复移动装置。

3.凸轮机构

凸轮机构由主动件的凸轮、从动件和支持整个机构的机架三个主要部分组成。一般凸轮做匀速回转运动，通过特定的形状轮廓与从动件相接触，使从动件实现某种预定规律的运动。

4.曲柄滑块机构

曲柄滑块机构由曲柄、连杆、滑块及机架组成。当曲柄为主动件做匀速转动时，连杆使滑块作往复的直线运动。曲柄滑块机构的结构简单、制造方便、滑块行程准确，因此，它在生产中得到广泛的应用。

（五）直线移动转换为直线移动的运动变换与实现机构

直线移动转换为直线移动的机构大多应用于液压机构中，用于送料、夹紧等装置。各类液压阀心、电磁阀心机构也采用了直动到直动的运动变换。斜面机构、具有两个移动副的连杆机构，移动凸轮机构有时也可以应用于线性运动变换，还可以用直线电动机直接实现直线移动。弹簧机构也是一种最常用的直线运动变换机构。

（六）直线移动转换为定轴转动或往复摆动的运动变换与实现机构

直线移动转换为定轴转动的最典型机构就是内燃机中的曲柄滑块机构，齿轮齿条机构也可实现移动到定轴转动的运动变换（此时齿条为主动件）。直线移动转换为往复摆动的机构主要用在开关机构或微调机构中。

能实现各种运动变换的机构种类很多，限于篇幅，本节仅介绍了一些最基本的机构。

三、平面连杆机构

若干构件通过低副连接而成，且各构件都在同一平面内运动的连杆机构，称为平面连杆机构。

（一）平面连杆机构的特点

平面连杆机构广泛应用于各种机械和仪表中，其主要优点有：①由于连杆机构中的运动副都是面接触的低副，因而承受的压强小，便于润滑，磨损较轻，承载能力高；②构件形状简单，加工方便，构件之间的接触是由构件本身的几何约束来保持的，故构件工作可靠；③可实现多种运动形式之间的变换；④利用连杆可实现多种运动轨迹的要求。

其缺点有：①低副中存在间隙，构件数目较多时会产生较大的累积运动误差，从而降低运动精度，效率低；②机构运动时产生的惯性力难以平衡，故不适宜于高速场合。

（二）平面连杆机构基本型式

由四个构件通过转动副（铰链）连接而成的四杆机构，称为铰链四杆机构。其中，固定不动的构件称为机架。与机架相连的构件称为连架杆。在两连架杆中，能做整周转动的连架杆称为曲柄，不能做整周转动的连架杆称为摇杆，与机架不相连的构件称为连杆。

1.曲柄摇杆机构

在铰链四杆机构的两连架杆中，如果一个为曲柄，另一个为摇杆，则称为曲柄摇杆机构。通常曲柄为主动件做匀速转动，摇杆为从动件做变速往复摆动。

2.双曲柄机构

在铰链四杆机构中，若两连架杆均为曲柄，则称为双曲柄机构。在双曲柄机构中，应用较广的是平行双曲柄机构，或称为平行四边形机构。

（三）平面连杆机构曲柄的存在条件

在铰链四杆机构中，是否存在曲柄，取决于机构中各构件的长度和机架的选择，铰链四杆机构中曲柄的存在条件如下：

第一，曲柄为最短杆。

第二，最短杆与最长杆的长度之和小于或等于其余两杆长度之和。

根据曲柄存在的条件可知：

若最短杆与最长杆长度之和小于或等于其余两杆长度之和，取最短杆的相邻杆为机架得曲柄摇杆机构，取最短杆为机架得双曲柄机构，取最短杆的相对杆为机架的双摇杆机构。

若最短杆与最长杆长度之和大于其余两杆长度之和，则无论取哪个杆为机架，均无曲柄存在，此时机构只能是双摇杆机构。

四、凸轮机构

（一）凸轮机构的应用及特点

凸轮机构是机械传动中的一种常用机构，在自动化和半自动化机械中应用较广泛。凸轮是一种具有曲线轮廓或凹槽的构件，通过与从动件的高副接触，在运动时可使从动件获得任意预期的运动。

凸轮机构是由凸轮、从动件和机架组成的高副机构。一般凸轮为主动件，且在传动过程中可将凸轮的连续转动变换为从动件的往复移动或摆动。

与连杆机构相比，凸轮机构的优点是：只要适当地设计凸轮轮廓曲线，即可使从动件实现各种预期的运动规律，且结构简单、紧凑，工作可靠。缺点是：由于凸轮与从动件间为高副接触，故压强较大，易磨损；凸轮加工较困难，成本较高；由于受凸轮尺寸的限制，从动件工作行程较小。因此，凸轮机构多用于要求能精确实现较复杂的运动规律且传力不大的控制装置中。

（二）凸轮机构的类型

凸轮机构的类型很多，可按以下方法分类。

1.按凸轮的形状分

（1）盘形凸轮机构：盘形凸轮是绕固定轴线转动且具有变化向径的盘形构件，是凸轮机构的基本形式。

（2）移动凸轮机构：当盘形凸轮的转动中心趋于无穷远处时，凸轮的转动可看作移动，即称为移动凸轮机构。

（3）圆柱凸轮机构：将移动凸轮卷成圆柱体，即称为圆柱凸轮机构。盘形凸轮、移动凸轮与从动件之间的相对运动是平面运动，称为平面凸轮机构。圆柱凸轮与从动件之间的相对运动是空间运动，称为空间凸轮机构。

2.按从动件的型式分

（1）尖顶从动件：尖顶从动件能与任何形状的凸轮轮廓接触，故能实现复杂的运动规律，且结构简单。但易磨损，只适用于传力不大的低速凸轮机构，如仪表中的凸轮机构。

（2）滚子从动件：滚子与凸轮间为滚动摩擦，磨损较小，可以承受较大载荷，应用较广泛。

（3）平底从动件：从动件与凸轮轮廓间是平面接触。忽略摩擦时，凸轮与从动件间的作用力始终垂直于平底，受力较平稳，接触处易于形成油膜，有利于润滑，能减少磨损，所以常用于高速凸轮中。但不适宜于凹槽轮廓的凸轮机构。

3.按从动件的运动方式和相对位置分

（1）直动从动件：从动件做往复直线运动，若从动件的导路通过凸轮的转动中心，则称为对心直动从动件凸轮机构，否则称为偏置直动从动件凸轮机构。

（2）摆动从动件：从动件做往复摆动。

第二节　间歇运动机构

将原动件的连续运动转换成从动件周期性运动和停歇的机构，称为间歇运动机构。间歇运动机构主要有棘轮机构和槽轮机构。

一、棘轮机构

（一）棘轮机构的工作原理

棘轮机构由棘轮、驱动棘爪、摇杆、止回棘爪和机架等组成。棘轮通过键与输出轴相连，驱动棘爪铰接在摇杆上，摇杆空套在棘轮轴上，可自由转动。当摇杆顺时针摆动时，驱动棘爪插入棘轮齿槽内，推动棘轮转过一定的角度，此时，止回棘爪在棘轮的齿背上滑动；当摇杆逆时针摆动时，止回棘爪阻止棘轮逆时针转动，而驱动棘爪在棘轮齿背上滑过，棘轮静止不动。因此，在摇杆做往复摆动时，棘轮做单向间歇运动。

（二）棘轮机构的类型

棘轮机构利用棘爪和棘轮齿啮合传动，按啮合方式可分为外啮合棘轮机构和内啮合棘轮机构两种形式。

棘轮机构按从动件的运动形式分类，可分为单向式和双向式棘轮机构两种类型，单向式棘轮机构又分为单动式和双动式棘轮机构。

（1）单向式棘轮机构：①单动式棘轮机构。只有当摇杆顺时针摆动时，才能驱动棘轮沿同一方向转动；当摇杆逆时针摆动时，棘轮静止不动。②双动式棘轮机构：棘爪可做成平头撑杆或钩头拉杆，当摇杆往复摆动一次时，通过两个棘爪驱使棘轮间歇转动两次。

（2）双向式棘轮机构：上述棘轮机构，棘轮的齿形为锯齿形，只能单向转动。当需要棘轮改变转向时，可采用双向式棘轮机构。当主动件摇杆逆时针摆动时，驱动棘爪便插入棘轮的齿槽中，推动棘轮转过一个角度，此时，止动爪在棘轮的齿背上滑动。当主动件摇杆顺时针摆动时，止动爪阻止棘轮沿顺时针方向转动，而驱动棘爪却能够在棘轮齿背上滑过，故棘轮静止不动。这样，当摇杆作连续的往复摆动时，棘轮便作单向的间歇运动。其中，主动件的往复摆动可由摆动从动件凸轮机构、曲柄摇杆机构或由液压传动和电磁装置等得到。

（三）棘轮转角的调节

采用遮板调整棘轮转角：在棘轮外面罩一遮板（遮板不随棘轮一起转动），在摇杆摆角不变的前提下，通过改变遮板的位置，使棘爪行程的一部分在遮板上滑过，不与棘轮齿接触，从而调整棘轮转角的大小。

二、槽轮机构

（一）槽轮机构的工作原理

槽轮机构也是一种间歇运动机构。由具有径向槽的从动槽轮及安装两者的机架组成。主动拨盘以匀角速度连续转动，当圆销未进入槽轮径向槽时，槽轮的内凹锁止弧被拨盘的外凸锁止弧锁住而静止；当圆销进入槽轮径向槽时，内、外锁止弧脱开，槽轮在圆销的驱动下顺时针转动；当圆销开始脱离径向槽时，槽轮因另一锁止弧又被锁住而静止，直到圆销再次进入下一个径向槽时，锁止弧脱开，槽轮才能继续转动，从而实现从动槽轮的单向间歇转动。

（二）槽轮机构的类型

槽轮机构按啮合方式可分为外槽轮机构和内槽轮机构。外槽轮机构按机构中圆销的数目可分为单圆销、双圆销和多圆销槽轮机构。单圆销外槽轮机构工作时，拨盘转动一周，槽轮转动一次。双圆销外槽轮机构工作时，拨盘转动一周，槽轮转动两次。

（三）槽轮机构的特点

槽轮机构的优点是结构简单、制造方便、工作可靠、转角准确、机械效率高，但是其转角不可调节。转角不能太小，槽轮在起、停时加速度较大，有冲击，并随着转速的增加或槽轮槽数的减少而加剧，故不宜用于高速。一般用于转速不高的自动机械中作转位或分度机构。

第三节　常用机械零件

一、轴承

（一）轴承的功用和类型

轴承的功用是支承轴及轴上零件，保持轴的旋转精度，减少轴与支承之间的摩擦和磨损。根据支承处相对运动表面的摩擦性质，轴承分为滑动轴承和滚动轴承。

滑动轴承由于结构简单、接触面积大、径向尺寸小、制造与维修方便、承受重载和冲击载荷的性能较好，故常用于工作转速高、冲击与振动大、径向尺寸受到限制或必须剖分安装等条件下。滑动轴承在轧钢机、汽轮机、内燃机、破碎机、剪床、航空发动机附件、雷达、卫星通信地面站、天文望远镜以及各种仪表中应用较广。

（二）滑动轴承的分类和结构

按承载方向分：径向滑动轴承、推力滑动轴承。

按轴承结构分：整体式轴承、剖分式轴承、自动调心轴承。

按润滑（摩擦）状态分：流体润滑（流体摩擦）轴承、非完全流体润滑（非完全流体摩擦）轴承。

按润滑剂分：液体润滑轴承、气体润滑轴承、脂润滑轴承、固体润滑轴承。

按载荷大小分：轻载轴承（平均压强$P<1MPa$）、中载轴承（平均压强$P=1\sim10MPa$）、重载轴承（平均压强$P>10MPa$）。

按速度高低分：低速轴承（轴颈圆周速度$v<5m/s$）、中速轴承（轴颈圆周速度$n=5\sim60m/s$）、高速轴承（轴颈圆周速度$v>60m/s$）。

1.向心滑动轴承

向心滑动轴承,即主要用于承受径向载荷的轴承。

(1)整体式滑动轴承:整体式滑动轴承,由轴承座和整体轴套组成,轴承座用螺栓与机座连接,顶部装有润滑油杯,内孔中压入带有油沟的轴套。这种轴承结构简单且成本低,但装拆不便,且轴承磨损后径向间隙无法调整,因此多用在间歇工作、低速轻载的简单机械中。

(2)剖分式滑动轴承:剖分式滑动轴承,其由轴承座、轴承盖、剖分式轴瓦、油杯和连接螺柱等组成。在剖分面处,制成凹凸状的配合表面,使之上下对中及防止受力时移动。通常轴承盖和轴瓦座之间留有少量的间隙,当轴瓦稍有磨损时,可适当减少放置在轴瓦对开面上的垫片,并拧紧轴承盖上的螺柱以减小轴颈和轴瓦间的间隙,使轴承间隙得到调整。因剖分式滑动轴承装拆方便,磨损后间隙可以调整,所以应用广泛,并已标准化。

(3)自动调心轴承:当轴承的宽度大于轴颈直径的1.5倍,或轴的刚度较小,或两轴难以保证同心时,会使轴颈偏斜,导致轴承两端边缘急剧磨损。自动调心轴承其轴瓦外表面做成球面形状,与轴承盖及轴承座的球状内表面相配合,轴瓦可自动调位,以适应轴颈在轴弯曲时产生的偏斜,从而避免轴颈与轴瓦的局部磨损。

2.推力滑动轴承

承受轴向载荷的滑动轴承称为推力滑动轴承。实心端面轴颈由于工作时轴心与边缘磨损不均匀,轴心部分磨损较小,以致压强过高,所以极少采用。空心端面轴颈和环状轴颈工作情况较好。载荷很大时,可采用多环轴颈,它还能承受双向轴向载荷。

(三)滚动轴承的构造、类型和特点

滚动轴承由于摩擦系数小,起动阻力小,起动灵敏,效率高,有些还可承受径向载荷和轴向载荷的联合作用,而且已标准化,易于互换、选用、润滑和维护,因此在一般机器中应用较广。缺点是承载能力不高、抗冲击能力较差、高速时有噪声、结构不能剖分等,且其工作寿命也不如液体摩擦的滑动轴承长。

1.滚动轴承的构造

滚动轴承一般由外圈、内圈、滚动体和保持架等组成,外圈装在机座或零件的轴承孔内，内圈安装在轴上。内、外圈上有滚道，滚动体位于内、外圈滚道之间，当内、外圈相对旋转时，滚动体将沿着滚道滚动。保持架的作用是把滚动体均匀地隔开。滚动轴承的核心元件为滚动体。

2.滚动轴承的类型

（1）球轴承：球轴承是最常用的滚动轴承。球轴承由外圈、内圈、保持架、钢球组成。保持架的作用是使钢球可以在滚道上均匀分布，并且相互间没有碰撞与摩擦。理论上，球轴承的钢球滚动体与内，外圈滚道的接触为点接触，因此球轴承的承载能力不高。但由于钢球滚动体滚动接触面小，所以允许的转速较高。球轴承包括深沟球轴承、角接触球轴承等。除了单列的球轴承外，也有双列的球轴承。

（2）圆柱滚子轴承：它的滚动体采用的是圆柱形的滚子。圆柱滚子使轴承所受的径向作用力比较好地分布到内外圈滚道上。同时，所有圆柱滚子的轴线均与轴承的旋转轴线平行。由于圆柱滚子轴承的特点，它一般用于需要承受较大的径向力的旋转支承，而且其不能承受轴向力。

（3）圆锥滚子轴承：它的滚动体采用的是圆锥形的滚子。所有圆锥滚子有同样的圆锥角，其轴线与轴承的旋转轴线相交于一点。圆锥滚子常常采用轻微的腰鼓形，以改善该类轴承的耐用性。圆锥滚子轴承可以弥补球轴承与圆柱滚子轴承的不足，应用在径向载荷与轴向载荷同时存在的工况，比如汽车的车轮用轴承。汽车车轮用的轴承要承受汽车的重量及汽车转向时产生的轴向作用力。在高径向载荷与一般的轴向载荷工况下，选择圆锥滚子轴承是恰当的。

（4）推力轴承：推力轴承是专门用来承受轴向载荷的滚动轴承。该类轴承的所有滚动体轴线沿径向放射性分布，滚动体为带有轻微腰鼓形的圆柱滚子和圆锥滚子。推力轴承一般用于转动工作台类部件的支承，这是因为一方面要保证工作台自由旋转，另一方面轴承要承受转台的重量。

（四）滚动轴承的代号和类型选择

1.滚动轴承的代号

滚动轴承的类型很多，每种类型又有不同的结构、尺寸、公差等级和技术要求，国家标准《滚动轴承 分类》（GB/T 271-2017）规定了轴承代号的表示方法。滚动轴承代号由基本代号、前置代号和后置代号组成，用字母和数字表示。

基本代号用来表明轴承的内径、直径系列、宽度系列和类型。

（1）内径代号：用基本代号右起第一、二位数字表示：00（轴承内径10mm）、01（轴承内径12mm）、02（轴承内径15mm）、03（轴承内径17mm）、04~99（数字×5）。

（2）直径系列代号：表示结构相同、内径相同的轴承在外径和宽度方面的变化，用基本代号右起第三位数字表示。直径系列代号有7、8、9、0、1、2、3、4和5。

（3）宽、高度系列代号：表示结构、内径和直径系列都相同的轴承，在宽度或高度方面的变化，用基本代号右起第四位数字表示。当宽度系列为0时，多数轴承中可省略，但调心滚子轴承和圆锥滚子轴承应标出。

（4）轴承类型代号：用基本代号右起第五位数字或字母表示。

前置代号、后置代号表示一些特殊结构，其含义可查有关手册。

2.滚动轴承的类型选择

选择轴承类型时，根据载荷的大小、方向和性质，转速高低，结构尺寸的限制，刚度要求，调心要求等因素，一般按以下原则选择。

（1）轴承的受载情况：①当载荷小而平稳时，可选择球轴承；载荷大而有冲击时，可选用滚子轴承。②当轴承同时承受径向载荷和轴向载荷时，应根据它们的相对值考虑：当轴向载荷比径向载荷小得多时，选用深沟球轴承；当轴向载荷比径向载荷小时，选用接触角α较小的角接触球轴承或滚子轴承；当轴向载荷比径向载荷大时，选用接触角α较大的角接触球轴承或滚子轴承；当轴向载荷比径向载荷大很多时，选用轴向接触轴承和径向接触轴承组合使用。

（2）轴承的转速：高速时宜选用球轴承，转速较低时选用滚子轴承。

（3）对轴承的特殊要求：①如果轴承座孔直径受到限制而径向载荷又很大时，可选用滚针轴承。②对于跨距较大，轴的刚度较差，或两轴承座孔的同轴度不好等情况，可选用调心球轴承或调心滚子轴承。③当支承刚度要求较高时，可选用圆柱滚子轴承或圆锥滚子轴承。④对于需经常拆卸或装拆困难的地方，可选用内、外圈分离的轴承。

（4）经济性：在保证轴承工作性能的前提下，尽可能选用价格低廉的轴承。①球轴承比滚子轴承价格低廉，所以应优先选用球轴承。②在满足使用要求的前提下，应尽量选用公差等级为一般级的轴承。

（五）滚动轴承的组合设计

为保证滚动轴承能正常工作，除正确选择轴承类型和尺寸外，还需对轴承进行合理的组合设计，包括确定轴承的轴向固定方式、轴的支承结构形式及调整方法、轴承的配合及装拆等。

1.滚动轴承的轴向固定

滚动轴承的轴向固定，分为轴承内圈与轴的固定及轴承外圈与座孔的固定。选择固定方式时，需对轴承的类型、轴向载荷大小、转速高低及轴承的拆装等进行综合考虑。

（1）内圈固定：轴承内圈的一端常用轴肩固定，另一端则可采用轴用弹性挡圈、轴端挡圈、圆螺母和止动垫圈固定，为保证固定可靠，轴肩圆角半径必须小于轴承内孔的圆角半径。

（2）轴承外圈固定方式：轴承外圈轴向固定可以是单向固定，也可以是双向固定。一般常用的轴向固定方式有轴承端盖固定、座孔凸台固定、轴承端盖和套杯肩环固定和可调压盖固定。

2.轴的支承结构形式

轴的支承结构，既要保证轴在机器中有确定的位置，又要使其在工作中不发生轴向窜动，同时为了补偿轴的受热伸长，又允许其在适当的范围内自由微量伸缩。支承结构有以下3种基本形式。

（1）双支点单向固定：当轴的跨距较小（L≤350mm）、工作温度不高（T≤70°C）时，应采用双支点单向固定方式。在轴的两个支承点上，利用轴肩顶住轴承内圈，用轴承盖挡住轴承的外圈，这样每个支点只限制轴和轴承单方向的轴向移动，而两个支点限制了轴和轴承的双向轴向移动，称为双支点单向固定。

为补偿轴的受热伸长，在一端轴承的外圈与端盖间留有轴向补偿间隙a（一般取a=0.2～0.3mm）。当采用角接球轴承或圆锥滚子轴承时，轴的热伸长量补偿及轴承游隙大小的调整，通常有以下几种：①靠加减轴承盖与机座间垫片的厚度进行调整；②利用螺钉通过轴承外圈压盖移动外圈位置进行调整，调整之后，用螺母锁紧防松。

（2）单支点双向固定：当轴的距跨较大（L>350mm）或工作温度较高

（T>70℃）时，应采用单支点双向固定方式，又称为一端固定、一端游动方式。

二、齿轮

机械传动系统中的齿轮是比较重要的零件。通过齿轮传动可以提高输出旋转速度，但输出力矩减小；可以降低输出旋转速度，输出力矩提高。齿轮在很多机器传动系统中采用，如直升机的主减速器、汽车的变速器等。

齿轮的轮齿形状一般采用标准化的渐开线齿形。对于机械工程师来说，在其设计的机器中若采用齿轮，可以从齿轮供应商那里选择定型的齿轮产品或直接选择齿轮减速器。但是，选择定型齿轮可能得不到最佳的性能，如噪声水平、精度等。当机器中的齿轮特别重要，机械工程师就需要特别设计。以下将简要介绍直齿圆柱齿轮、齿轮齿条、伞齿轮、斜齿圆柱齿轮、蜗轮蜗杆的特点。

（一）直齿圆柱齿轮

直齿圆柱齿轮是最简单的齿轮，它的特点是轮齿与轴线平行。当两个齿轮相互啮合时，动力即从主动齿轮传递到从动齿轮。当主动齿轮是小齿轮时，从动大齿轮即减速，输出力矩增大；当主动齿轮是大齿轮时，从动小齿轮即加速，输出力矩减小。

直齿圆柱齿轮相关的一些术语：分度圆是指设计齿轮的基准圆；齿顶圆是所有轮齿顶端的圆；齿根圆是过所有齿槽底部的圆；基圆是产生渐开线的圆；齿高是齿顶圆与齿根圆之间的径向距离。分度圆齿厚是轮齿在分度圆上度量的圆弧长度，分度圆槽宽是轮齿间齿槽在分度圆上度量的圆弧长度。标准直齿圆柱齿轮的分度圆齿厚一般稍大于分度圆槽宽，目的是避免由此造成的齿轮啮合传动时的振动，噪声与速度波动。直齿圆柱齿轮的轮齿垂直齿轮轴线的截面轮廓线是渐开线，渐开线是齿轮基圆作纯滚动的轨迹线。两个直齿圆柱齿轮啮合时，它们的齿形是相容的。小齿轮的分度圆与大齿轮的分度圆是相切的，啮合传动过程中，在理想情况下，啮合点是始终保持不变的。

（二）齿轮齿条

当要通过齿轮把旋转运动转变为直线运动时，就需要采用齿轮齿条的传动形式。它实际上是把两个直齿圆柱齿轮中的一个齿轮的分度圆直径变为无限大，这时该齿轮就变为齿条形式了。

（三）伞齿轮

伞齿轮的轮齿不是在圆柱上生成，而是在圆锥面上生成的。伞齿轮传动的特点是可以实现9o°转向传动。伞齿轮传动可以应用在两个传动轴的轴线以90°相交的场合。

（四）斜齿圆柱齿轮

斜齿圆柱齿轮的轮齿不是与齿轮轴线平行，而是依螺旋线生成的。直齿圆柱齿轮啮合时，虽然是全齿宽接触，但在换齿啮合时存在冲击，从而引起振动与噪声。而斜齿圆柱齿轮可以同时有多个轮齿对啮合，因而啮合传动平稳性较好。由于斜齿圆柱齿轮传动平稳性较好，故常用在转速较高的传动机构中，如汽车齿轮变速器、减速器等。除了将直齿圆柱齿轮改进为斜齿圆柱齿轮外，这个理念也可以用到直齿伞齿轮上。由于斜圆柱齿轮传动会产生附加的轴向力，因此，在轴系中应采用推力轴承或向心推力轴承加以平衡。

（五）蜗轮蜗杆

将斜齿圆柱齿轮的螺旋角增加到足够大，它就成为蜗轮蜗杆传动机构。蜗杆上只有一个齿，即蜗杆转一周，只有一个齿在回转。蜗轮蜗杆是一个减速传动机构，两个传动轴相错90°，即传动轴在空间上不相交，这与伞齿轮传动不同。

三、联轴器、离合器和制动器

（一）联轴器

联轴器所连接的两根轴，由于制造和安装误差、受载后变形、温度变化及轴承磨损等原因，不能保证严格对中，使两轴线间出现偏移。因此，联轴器除了连接和传动外，对各种偏移应具有一定的适应和补偿能力，以避免引起附加动载荷，影响机器的正常工作。

根据对各种偏移有无补偿能力，联轴器可分为刚性联轴器和挠性联轴器两大类。

1.刚性联轴器

（1）套筒联轴器：套筒联轴器利用套筒连接两轴，套筒与轴采用键连接或销连接。套筒联轴器结构简单，制造容易，径向尺寸小，但装拆时轴必须做轴向移动，适用于低速、轻载、对中性较好和尺寸小的轴，在机床中应用较多。

（2）凸缘联轴器：凸缘联轴器是由两个带凸缘的半联轴器用螺栓连接而成的，半联轴器与轴用键连接。凸缘联轴器有两种对中方式，一种是通过凸台和凹槽的两个半联轴器的相互嵌合对中，两半联轴器之间采用普通螺栓连接；另一种是通过铰制孔螺栓与孔的配合对中和连接，靠螺栓杆承受载荷来传递转矩。凸缘联轴器的传递转矩大，对中精度高，结构简单，使用维护方便，成本低廉，是应用较广泛的一种联轴器，但不能补偿两轴线偏移，适用于速度较低、载荷平稳、两轴对中性好的场合。

（3）滑块联轴器：滑块联轴器由两个半联轴器和中间盘组成，半联轴器的端面上开有凹槽，中间盘两端面具有互相垂直的凸台，工作时凸台可沿凹槽滑动，故可补偿两轴间的相对位移和偏斜。但在两轴间有偏移的情况下工作时，中间盘会产生很大的离心力和磨损，并使轴承承受附加动载荷，故只适用于转速较低的场合。为减小磨损，凹槽和凸块的工作面可由中间盘的油孔注入润滑剂。

（4）万向联轴器：万向联轴器由叉形接头与十字轴组成。利用十字轴连接的两叉形半联轴器均能绕十字轴的轴线转动，从而使联轴器的两轴线成任意角度α，一般α最大可达35°～45°。万向联轴器能补偿较大的角位移，结构紧凑，使用、维护方便，能传递较大转矩，广泛应用于汽车、拖拉机和金属切削机床中。

（5）齿式联轴器：齿式联轴器由两个带有内齿的外壳和两个带有外齿的半联轴器组成。两外壳用螺栓连接，两半联轴器通过键与轴连接，利用内、外齿的啮合传递转矩。齿式联轴器的承载能力大，工作可靠，允许有较大的综合偏移，但结构复杂、笨重，制造成本高，主要用于重型机械和起重设备中。

2.弹性联轴器

（1）弹性套柱销联轴器：弹性套柱销联轴器与凸缘联轴器相似，不同之处是用套有弹性套的柱销代替了连接螺栓，利用弹性套的弹性变形来补偿两轴的偏移，并具有缓冲、吸振的作用。弹性套柱销联轴器结构简单，易拆卸，成本低，但弹性套易损坏，寿命短，多用于双向运转、启动频繁、高速的中小功率传动。

（2）弹性柱销联轴器：弹性柱销联轴器的结构与弹性套柱销联轴器相似，不同之处是用弹性柱销代替了弹性套柱销，柱销多用尼龙制成，柱销形状一端为柱形，另一端制成腰鼓形，以增大角度位移的补偿能力。为防止柱销滑出，两端设有挡圈，用螺钉固定。弹性柱销联轴器的结构更为简单，能补偿两轴间的相对位移，使用寿命及缓冲吸振能力更强，应用广泛，可以代替弹性套柱销联轴器。但由于尼龙对温度敏感，故一般宜在20℃～70℃的范围内工作。

3.联轴器的选择

联轴器的类型选择应根据工作条件和使用要求，结合各类联轴器的性能和特点进行。

（1）当两轴对中要求高，且轴的刚度大时，可选用套筒联轴器或凸缘联轴器。

（2）当两轴的对中较困难或轴的刚度较小时，则应选用对轴的偏移具有补偿能力的挠性联轴器。

（3）当两轴相交一定角度时，应选用万向联轴器等。

（4）当两轴所传递的转矩较大时，宜选用凸缘联轴器或齿式联轴器。

（5）当轴的转速较高，且有振动时，应选用有弹性元件的挠性联轴器。

（二）离合器

离合器的作用也是连接两轴并传递转矩，且在机器运转过程中可随时进行接合或分离。因此离合器应保证离合平稳、迅速、可靠、操纵方便、耐磨且散热好。

离合器按其工作原理可分为牙嵌式和摩擦式两类。按控制方式可分为操纵式和自动式两类。操纵式离合器多以机械、液压、气动、电磁等为动力进行操纵。

1.牙嵌式离合器

牙嵌式离合器由两个端面带牙的半离合器组成。半离合器用平键与主动轴连接，半离合器用导向平键或花键与从动轴连接，利用操纵杆移动滑环可使两个半离合器分离或接合。为便于两轴对中，在半离合器中装有对中环，从动轴可在对中环中自由转动。

牙嵌式离合器常用的牙型有三角形、梯形和锯齿形。三角形牙传递中、小转矩；梯形牙强度高，传递转矩大，能自动补偿磨损后的牙侧间隙，接合面间有轴向分力，接合容易，应用最广；锯齿形牙根强度高，可传递较大转矩，但只能单向工作，反转时由于有较大的轴向分力，故会迫使离合器自动分离。

牙嵌式离合器结构简单，外廓尺寸较小，能传递较大的转矩，故应用广泛。但只宜在两轴不回转或转速差很小时进行结合，否则牙可能会因受撞击而折断。

2.摩擦式离合器

摩擦式离合器是利用接触面间产生的摩擦力来传递转矩。摩擦式离合器分为单片式和多片式两种。

（1）单片式摩擦离合器：单片式摩擦离合器结构简单，但径向尺寸大，而且只能传递不大的转矩，常用在轻型机械中（如包装机械、纺织机械）。

（2）多片式摩擦离合器：为提高传递转矩的能力，很多机器上采用多片式离合器。主动轴、外壳和一组外摩擦片组成主动部分，外摩擦片可沿外壳的内槽移动。从动轴、套筒和一组内摩擦片组成从动部分，内摩擦片可沿套筒上的槽滑动。套筒上开有均布的3个纵向槽，在槽内安装有杠杆。当操纵滑环向左移动时，杠杆绕支点顺时针转动，通过压板将两组摩擦片压紧，离合器处于接合状态，主动轴带动从动轴转动。当操纵滑环向右移动时，通过杠杆下面的弹簧片使杠杆逆时针转动，两组摩擦片压力消除，离合器处于分离状态，于是主、从动轴脱开。

多片式摩擦离合器由于摩擦面增多，故传递转矩的能力提高，径向尺寸相对减小，但结构复杂。

与牙嵌式离合器比较，多片式摩擦离合器的优点为：在任何转速下都可接合；过载时摩擦面打滑，有过载保护作用；接合平稳，冲击和振动小。缺点为接合过程中，摩擦面的相对滑动会引起发热与磨损，损耗能量。

3.定向离合器

星轮和外环分别装在主动件或从动件上，星轮和外环间的楔形空腔内装有滚柱，滚柱数目一般为3~8个。每个滚柱都被弹簧推杆以适当的推力推入楔形空腔的小端，处于半楔紧状态。

星轮和外环均可作为主动件。当外环为主动件逆时针转动时，摩擦力带动滚柱进入楔形空腔的小端，楔紧内、外接触面，驱动星轮转动，离合器接合。当外环顺时针转动时，摩擦力带动滚柱进入楔形空腔的大端，即松开内、外接触面，离合器处于分离状态，所以称为定向离合器。

星轮和外环均做顺时针转动时，根据相对运动的原理，如外环转速小于星轮转速，则离合器处于接合状态；反之，外环转速大于星轮转速，离合器处于分离状态。可见只有当星轮超过外环转速时，才能使离合器接合，故又称为超越离合器。

定向离合器工作时无噪声，宜用于高速、防止逆转及间歇运动等场合。

四、轴

（一）轴的功用和类型

1.轴的功用

一切做回转运动的传动零件（如齿轮、蜗轮等），都必须安装在轴上才能进行运动及动力的传递。因此，轴的主要功用是支承回转零件，同时传递运动和动力。

2.轴的类型

（1）按轴的受载情况分：①心轴。工作时只承受弯矩不传递转矩的轴称为心轴。心轴又分为：固定心轴，即固定不转动的心轴，如自行车前轴；转动心轴，即与轴上零件一起转动的心轴，如火车车轮轴。②传动轴。只传递转矩而不承受弯矩的轴，如汽车的传动轴。③转轴。既传递转矩又承受弯矩的轴，如减速器轴。机器中大多数轴均为转轴。

（2）按轴线形状分：直轴、曲轴、挠性轴。

（3）按轴的外观分：光轴、阶梯轴。

（二）轴的结构

1.轴各部分的名称

轴上与轴承配合的部分称为轴颈，与传动零件（齿轮、联轴器）配合的部分称为轴头，连接轴颈与轴头的部分称为轴身。

2.轴及轴上零件周向固定

为了对轴和轴上零件进行周向固定，限制轴上零件相对于轴的转动，通常采用键连接、花键连接；有时也采用销连接、成型连接或过盈配合连接等。

3.轴及轴上零件轴向定位

零件在轴上应沿轴向准确和可靠地定位，以使其具有确定的安装位置并能承受轴向力而不产生轴向位移。

（1）轴肩和轴环定位：阶梯轴上截面变化的部位称为轴肩，轴直径最大处称为轴环，轴肩、轴环用来对轴上零件进行轴向定位。

（2）套筒定位：当轴上零件需双向定位时，一端采用轴肩，另一端通常采用套筒做轴向定位。

（3）螺母定位：当套筒太长时，可采用圆螺母定位。此时需在轴上切制螺纹，因而会引起应力集中，对轴疲劳强度影响较大。

（4）轴端挡圈和圆锥面定位：安装在轴端的零件可用轴端挡圈和圆锥面定位，常用于轴端。锥面配合时，轴上零件装拆方便，多用于轴上零件与轴的同心度要求较高或轴受振动的场合。

（5）其他定位方式：当承受的轴向力较小时，可用圆锥销、紧定螺钉、弹簧挡圈等方式定位。选择定位方式时，还应考虑轴的制造及零件装拆的难易、所占位置的大小及对轴强度的影响等因素。

4.轴的结构应具有良好的制造和装配工艺性

（1）在满足使用要求的情况下，轴的外形结构应力求简单，便于加工，轴肩数尽可能少，相邻轴段的直径差不宜过大。

（2）为使轴上零件容易装拆并避免划伤人手，轴端、轴头和轴颈的端部应有45°、30°或60°倒角。

（3）同一根轴上所有圆角半径和倒角的大小应尽可能一致，以减少刀具规格和换刀次数。

（4）同一轴上需开几个键槽时，应布置在同一条母线上，以便于加工。

（5）对于轴上要磨削的轴段，需设砂轮越程槽，其尺寸要符合标准。

（6）对于轴上要切螺纹的部位，需设退刀槽，以便在切螺纹时退刀。

（7）当要求轴的各段具有较高的同轴度时，则应在轴的两端设置中心孔。

五、连接零部件

（一）键连接

1.键连接的功用

键连接主要用于轴和轴上零件之间的周向固定，用以传递转矩，有的键也兼有轴向固定作用。

最常用的键连接是平键连接。键多数是标准件，设计时可根据使用要求由标准中选择，再进行验算。

2.平键连接的类型

平键连接分为普通平键连接、导向平键连接和滑键连接。平键连接依靠键的两侧面传递扭矩，键的上表面和轮毂键槽底面之间有间隙，装配时不用打紧，不影响轴与轮毂的同心精度，装拆方便，应用广泛。

（1）普通平键：键的端部形状有圆头、方头、单圆头。圆头平键键槽由端铣刀加工，键在槽中固定较好，但槽对轴的应力集中影响较大；方头平键键槽由盘形铣刀加工，槽对轴的应力集中影响较小，但固定不太可靠；单圆头平键常用于轴的端部连接，轴上的键槽常用端铣刀铣通。

（2）导向平键和滑键：当轮毂在轴上需沿轴向移动时，可采用导向平键或滑键连接。导向平键用螺钉固定在轴上，轮毂上的键槽与键是间隙配合，当轮毂移动时，键起导向作用。滑键与轮毂相连，轴上的键槽与键是间隙配合，当轮毂移动时，键随轮毂沿键槽滑动。滑键适用于移动距离大的场合，如车床光轴与溜板箱即采用滑键连接。

（二）销连接

销的主要用途是固定零件之间的相互位置，并可传递不大的扭矩。

销的基本形式为圆柱销，圆柱销与孔之间为过盈配合，要求孔的加工精度高，需用铰刀铰削，加工成本高，且经过多次装拆其定位精度会降低，所以不如圆锥销应用广泛；圆锥销有1：50的锥度，要求的加工精度不高，安装也方便，多次装拆对定位精度影响较小，所以机械中常采用圆锥销定位。

（三）螺纹连接

螺纹连接有以下4种基本类型。

1.螺栓连接

螺栓连接包括普通螺栓连接和铰制孔螺栓连接，这种连接的结构特点是被连接件上的通孔和螺栓杆间留有间隙。铰制孔用螺栓连接，这种连接能精确固定被连接件的相对位置，并能承受横向载荷，但孔的加工精度要求较高。

2.双头螺柱连接

这种连接适用于结构上不能采用螺栓连接的场合，例如被连接件之一太厚或不宜制成通孔，且需要经常拆装时，往往采用双头螺柱连接。

3.螺钉连接

连接的特点是螺钉直接拧入被连接件的螺纹孔中，不用螺母，在结构上比双头螺柱连接简单、紧凑，但经常拆卸会损坏被连接件。

4.紧定螺钉连接

紧定螺钉连接是利用拧入零件螺纹孔中的螺钉末端钉入被连接件的凹坑中，以固定两个零件的相对位置，并可传递不太大的力或转矩。

第四节　机器的组成

一、从机器的功能角度看机器的组成

（一）动力系统

动力系统包括动力机和配套装置，是整个机器工作的动力源。根据能量转换的性质的不同，动力机可以分为一次动力机和二次动力机。

一次动力机是指把自然界的能源（一次能源）直接转变为机械能的机械，如内燃机、汽轮机、燃气轮机等，其中内燃机广泛用于各种车辆、船舶、农业机械、工程机械等移动作业机械，汽轮机、燃气轮机多用于大功率高速驱动的机械。以一次动力机为动力源的机器比较多，比如汽车、飞机、轮船，潜艇等都是以一次动力机为动力源的。

二次动力机是指把二次能源（电能）或由电能产生的液能、气能转变为机械能的机械，如电动机、液压马达、气动马达等。它们在各类机械中都有广泛应用，其中尤以电动机应用更为普遍。比如，各种类型的机床、洗衣机、电风扇、水泵、油泵等，都是以二次动力机作为机器的动力源的。由于经济上的原因，动力机输出的运动通常为转动，而且转速较高。

选择动力机时，应全面根据现场的能源条件、执行机构的动作要求、工作载荷等实际情况来选择动力机的类型和型号。

（二）传动系统

传动系统是指把动力机的动力和运动传递给执行系统的中间装置，是连接动力系统和执行系统的"桥梁"。

每个执行系统中的执行构件与动力机之间都有一个传动联系，有时执行机构与执行构件之间也有传动联系。组成传动联系的一系列传动件称为传动链，所有传动链及它们之间的相互联系组成传动系统。机械的种类繁多，用途也各种各样，因此各种机械的传动系统千变万化，但它们通常包括下列几个组成部分：变速装置、启停和换向装置、制动装置及安全保护装置等。

传动系统有下列主要功能。

第一，减速或增速。把动力机的速度降低或增高，以适应执行系统工作的需要。

第二，变速。当用动力机直接变速不经济、不可能或不能满足要求时，可通过传动系统实行变速（有级或无级），以满足执行系统多种速度的要求。

第三，改变运动规律或形式。把动力机输出的均匀连续旋转运动转变为按某种规律变化的旋转或非旋转、连续或间歇的运动，或改变运动方向，以满足执行系统的运动要求。动力机的运动输出形式一般是转动，而执行机构的运动形式是根据实际工作要求来确定的，因此，它的运动形式是多种多样的，有可能是转动，也有可能是移动，还有可能是摆动等，这就需要通过传动系统来转换运动的形式。

第四，传递动力。把动力机输出的动力传递给执行系统，供给执行系统完成预定任务所需的功率、转矩或力。

传动系统在满足执行系统上述要求的同时，应能适应动力机的动力特性，且应尽量简单。如果动力机的动力特性完全符合执行系统工作的要求，传动系统也可省略，可将动力机与执行系统直接连接。

（三）执行系统

执行系统由执行构件和与其相连的执行机构组成，是直接完成机器工作任务的部分，常出现在机械系统的末端，直接与作业对象接触，如搅拌机的叶轮、洗衣机的波轮、割草机夹固刀片的夹持器、车床的刀架等，通过它们完成机器预定的功能，因此，执行系统是直接影响机器工作质量的重要部分。例如，为了提高洗衣机洗净衣服的效果，不同的厂家开发了"棒式波轮""碟形波轮""凸形波轮""偏心波轮"等多种形式。机器人的执行机构是抓取机构，为了能可靠抓起不同形状的物体，抓取机构有各种结构形式。

执行系统有下列主要功能。

第一，传递、转换运动与动力。即把传动系统传递过来的运动与动力进行必要的转换，以满足执行部件的要求。

第二，执行机构转换运动就其转换形式来说，常见的有将转动转换为移动或摆动，或反之；就转换的节拍来看，则可分为将连续运动转换为不同形式的连续运动或间歇运动。

第三，执行系统是在执行构件和执行机构协调工作下完成任务的。虽然工作任务多种多样，但执行系统的功能归纳起来有以下几种：夹持、搬运、输送、分度与转位、检测、施力等。根据机械系统工作要求，往往一个执行系统需要具备多种功能要求。

第四，执行系统通常处在机械系统的末端，直接与作业对象接触，其输出也是机械系统的主要输出。因此，执行系统工作性能的好坏，直接影响到整个系统的性能，执行系统除能满足强度、刚度、使用寿命等要求外，还应充分满足其运动精度和动力学特性等方面的要求。

（四）操纵系统和控制系统

操纵系统和控制系统是使动力系统、传动系统、执行系统彼此协调运行，并准确可靠地完成整机功能的系统。它的功能是控制上述各子系统的启动、离合、制动、变速、换向或各部件间运动的先后次序、运动轨迹及行程。此外，还有控制换刀、测量、冷却与润滑的供应与停止工作等一系列动作。

传统的控制系统通常由接触器、继电器、按钮开关、行程开关、电磁铁等传统电器组成。随着计算机和微电子技术的发展，现代机械朝着自动化、精密化、智能化方向发展的趋势不可阻挡，计算机控制的机电产品从生产机械（如数控机床）到家用电器越来越普遍。因此控制系统在整台机器设备中的作用日益重要，在整机成本中的份额也越来越大。如全自动洗衣机中的程序控制器，早期多用"机械定时器"作为该控制器的基本结构，而现今的洗衣机更多采用微处理器作为控制的核心。

（五）支承系统

支承系统是总系统的基础部分。它主要包括底座、立柱、横梁、箱体、工作台和升降台等，其作用是支承动力机、传动系统、执行系统、操纵系统和控制系统等，使它们保持各自正确的位置，并将其有机地联系起来。机器设备的运输、安装都离不开支承系统，并往往占据了机器质量的大部分。

（六）润滑、冷却与密封系统

润滑与密封装置的作用是减少摩擦；冷却的作用是降低温升。两者的目的都是为了保证总系统及各子系统能在规定的温度范围内正常工作和延长使用寿命。

从上述分析可以看出，任何机械产品都离不开机械系统，不论是汽车、飞机，还是汽轮机、轧钢机，乃至机器人、加工中心这种典型的机电一体化产品，都必须有机械系统。通常所指的加工中心也都是在机械系统基础之上，应用相应的控制理论和方法，结合电子及微电子技术，并采用多种电子集成元件，组成了比普通机床在某一方面或某几方面技术指标都有所提高的一种加工设备。

我们可以对自己熟悉的小机械、小电器产品进行分析，了解它们的性能和组成。同时也应知道，机械产品的设计是根据产品功能要求来决定对各子系统的取舍，并不是机械系统中的所有子系统都必须存在于任何产品中。在工程中，有些机械没有传动机构，而是由原动机直接驱动执行机构。如水力发电机组、电风扇、鼓风机及一些用直流电动机驱动的机械，它们都没有传动机构。随着电动机调速技术的发展，无传动机构的机械有增加的趋势。

二、从机器制造，装配的角度看机器的组成

为了便于组织机械产品生产，整台机器在设计中就必须考虑将它分成若干相对独立的"部件"，分别进行制造、组装（或从外面购买）。总装配时，再将各部件按一定要求集合在一起，经过调试，检验，最终成为一台完整的机器。因此从制造、装配的角度出发，任何一台机器大致都可以按照以下的顺序进行分解：机器→部件总成→组件→零件。

这里要说明的是，从系统的观点看问题，以上每一个总成（如底盘总成等）对汽车而言都是一个部件，它下面的分总成（如传动系等）可看成该部件的一个组件；而每个分总成由于要独立实现一定的功能，也可以看成是一个部件。如汽车传动系总成的功能是将发动机的动力传给轮子等，它下面的离合器、变速器等是该部件的组件，依此类推，分解到最后的单个实体才称为零件。汽车的生产也大致按上述部件、组件分类，由一系列总装厂、部件厂、零件厂组织起来，互相协同配合，如发动机厂、转向器厂、变速器厂、曲轴厂等。当我们要了解一台机器时，从外形结构上观察就可以大致把该设备按部件分开，然后了解这些部件起什么作用，完成哪些工作。

第二章

机电控制基础

第一节　工业控制系统概述

一、运动控制和过程控制

根据控制对象的不同，工业控制系统可以划分为两大类：运动控制和过程控制。

（一）运动控制

运动控制有很多应用，如用于贴装电子元件的贴片机、光学检查机、执行焊接操作和装配过程的工业机器人手臂、数控机床设备、印刷机、复印机、包装机等。运动控制系统是一种控制对象的物理运动或位置的自动控制系统。运动控制系统常被称为伺服系统或伺服机构。运动控制系统都具有以下3个共同的性质。

第一，被控对象是机械的位置、速度、加速或减速。

第二，被控对象的运动和位置都是可检测的。

第三，典型运动装置对于输入命令的响应都是很快的，一般都要求在几十毫秒之内。

（二）过程控制

过程控制是控制工程的一个分支，它通过在生产过程中对变量进行调节来影响输出产品。这些变量被称为过程变量，具体来说包括压力、温度、流量、物位，以及气体、液体和固体的产品成分等。"过程"一词的含义是指通过生产设备对变量进行操作，使原料发生变化，直至达到所要求的状态为止。工业过程生产的产品包括化工制品、精炼石油、加工食品、纸张、塑料及金属等。过程控制还涉及公共服务领域，例如饮用水净化、污水处理及电力生产等。

在过程控制里，关键在于使被控变量保持恒定，比如温度和压力等，其给定点（设定点）很少改变，可能在数天内都保持不变。过程控制系统的目标是在被控变量受到扰动而波动时进行调节和矫正，被控变量的变化及系统为矫正这一变化而做出的反应通常都是比较慢的。而在伺服系统，给定信号会经常地发生变化，而且一般变化非常迅速，控制的目标是要尽可能快而准确地跟随给定信号的变化。

二、自动控制的基本形式

自动控制有开环控制和闭环控制两种基本的控制方式，对应的系统分别称为开环控制系统和闭环控制系统。

（一）开环控制系统

开环控制系统的输出端和输入端之间不存在反馈关系，也就是系统的输出量对控制作用不发生影响。这种系统既不需要对输出量进行测量，也不需要将输出量与输入量进行比较，控制装置与被控对象之间只有顺向作用，没有反向联系。

开环控制系统的优点是结构简单，稳定性好，调试方便，成本低；缺点是抗干扰能力差，当受到干扰的影响而使输出量发生变化时，系统没有自动调节能力，因此控制精度较低。开环控制系统一般用于对控制性能要求不高、系统输入输出之间的关系固定、干扰较小或可以预测并能进行补偿的场合。

（二）闭环控制系统

闭环控制系统在开环控制系统基础上，增加反馈回路，通过反馈来实时评估输出的情况，并进行自动校正操作。闭环控制系统的优点是控制精度高，抗干扰能力强，适用范围广。当干扰或负载波动等因素使被控量的实际值偏离给定值时，闭环控制系统就会通过反馈产生控制作用来使偏差减小。这样就可使系统的输出响应对外部干扰和内部参数变化不敏感，因而有可能采用不太精密且成本较低的元件来构成比较精确的控制系统。闭环控制系统也有其缺点：一是结构复杂，元件较多，成本较高；二是稳定性要求较高。由于闭环控制系统中存在反馈环节和元件惯性，而且靠偏差进行控制，因此偏差总会存在，时正时负，很可能引起振荡，导致系统不稳定。

三、闭环控制系统的基本组成

（一）被控对象

控制系统所要控制的设备或过程，它的输出就是被控量，而被控量总是与闭环控制系统的任务和目标紧密联系。例如在液位控制系统中，蓄水池的液位是被控量，蓄水池就是被控对象。

（二）给定信号

给定信号是控制回路中预先设定的输入值，它决定被控量的期望状态。给定信号值可以由操作人员手动设置，也可以由电子装置自动设置。如果给定信号是定值，则对应的控制系统就是恒值控制系统，控制的目标是使被控量稳定在一个固定值上；如果给定信号是一变值，则对应的控制系统是随动系统，控制的目标是令被控量跟随给定信号的变化。

（三）测量环节

即随时将被控量检测出来的装置。如浮子是液位控制系统的测量环节。

（四）反馈信号

反馈信号是测量环节的输出。反馈信号又称为被测值、测量信号，在位置回路中被称为位置反馈，在速度回路中被称为速度反馈。反馈又称回馈，是指将系统的输出返回到输入端并以某种方式改变输入，进而影响系统功能的过程，即将输出量通过恰当的检测装置返回到输入端并与输入量进行比较的过程。反馈可分为负反馈和正反馈。前者使输出起到与输入相反的作用，使系统输出与系统目标的误差减小，系统趋于稳定；后者使输出起到与输入相似的作用，使系统偏差不断增大，使系统振荡，可以放大控制作用。

（五）比较器

比较器将反馈信号与给定信号进行比较，并产生与两者之差成比例的输出信号。在闭环控制的蓄水池系统中，比较器就是整个连接机构。

（六）偏差信号

偏差信号就是比较器的输出。如果给定信号和反馈信号不相等，则产生一个与它们之间的差成比例的偏差信号。如果给定信号与反馈信号恰好相等，则偏差信号值为零。

（七）控制器

控制器是整个系统的"大脑"。它的功能是根据偏差信号和预先设置的控制策略作出决策，决定下一时刻如何去操作被控对象，使被控量达到所希望的目标。

（八）执行器

执行器是系统的"肌肉"。它是一种将某种类型的能量或燃料的供应进行物理改变的装置，它驱动被控变量向所期望的给定值靠近，能量或燃料的例子包括蒸汽、水、空气、燃气及电流。在蓄水池系统中，执行器就是连在进水管上的流量控制阀。执行器也称终端控制元件或最终校正装置。

（九）操纵量

被执行器进行物理改变的燃料或能量称为操纵量。被执行器改变操纵量的大小影响着被控变量的状态。在蓄水池系统中，水流量是操纵量，控制阀（执行器）改变了水的流量，进而影响了被控变量（水位）的状态。

（十）扰动

又称为干扰，妨碍控制器对被控量进行正常控制的所有因素称为扰动。扰动按其来源可分为内部扰动和外部扰动。扰动信号是系统所不希望而又不可避免的外部作用信号，它可以作用于系统的任何部位，而且可能不止一个，它会影响输入信号对系统被控量的有效控制，严重时必须加以抑制或补偿。在蓄水池系统中，降雨和蒸发都会引起水位变化，两者都属于扰动。

闭环系统运行的目标就是要让被控量与给定信号保持相等。测量环节实时地对被控量进行监视，并通过反馈回路把反映了被控量状况的测量信号发送到控制器。比较器将反馈信号与给定信号进行比较，产生一个与两者之差成比例的偏差信号。偏差信号反馈给控制器，经过分析处理之后，控制器决定采取什么样的措施进行校正，以使被控量等于给定信号。控制器的输出使得执行器对操纵量作出相应的物理调节。操纵量的改变促使被控量向期望值靠近。

第二节　经典控制方法

一、开关控制

开关控制的输出只有两个状态，即全开或全关。一个状态用于被控量高于期望值（给定信号，设定点）时的情况，另一个状态用于被控量低于期望值时的情况，开关控制又称为二值控制。

开关控制模式简单、廉价且可靠，开关式控制器被广泛应用于那些容许周期振荡与设定点偏离的系统中，如自动调温炉、家用空调器、电冰箱等。

开关控制工作在全打开或是全关闭状态，无论哪种状态执行器的响应都过大，很难将输出调节到恰好符合过程的要求，因此开关控制的误差一般比较大，要获得较好的控制精度，需要引入新的控制方法。

二、比例控制

比例控制的输出与输入误差信号成比例关系，系统一旦出现了偏差，比例调节环节立即产生调节作用，以减少偏差，调整作用的强弱与输出的偏差成比例，误差越大，输出响应越大，而误差变小时，输出响应也变小，这样被控变量将逐步被调整到设定点附近，不会像开关控制那样波动较大。

因为比例控制系统利用设定信号与反馈信号之差产生控制信号，因此系统输出和期望值之间总是存在误差（又称为残差），比例作用大，可以加快调节，减少误差，但是过大的比例系数会使系统的稳定性下降，甚至造成系统的不稳定。如果想完全消除这个误差，需要加入积分控制。

三、积分控制

对一个自动控制系统，如果在进入稳态后存在误差，则称这个控制系统是有稳态误差的，或简称有差系统。在控制器中引入"积分项"可以消除稳态误差。积分控制器是专为消除比例控制中的稳态误差而设计的，积分控制器的输出与输入（误差）信号对时间的积分成正比关系，它根据稳态误差的绝对值而逐渐增大控制信号。积分环节通常与比例控制环节一起在闭环系统的控制器部件中协同使用。

当误差信号首次出现时，控制器进行调节，比例控制信号随之使过程回到期望的控制点。比例控制在检测到误差后马上产生调整信号，在比例控制的动作完成之后，如果在设定点与当前被控量之间依然存在着偏差，则需要一个额外的校正信号，而这恰恰是积分控制功能能够做到的。积分控制的作用在于：只要还存在着静态误差，就会有一个虽然很小却逐渐增强的校正作用，直到将这个偏差减到零为止。

四、微分控制

比例控制利用设定信号与反馈信号之差产生控制信号，比例作用大（增益高，放大倍数大），可以加快调节过程，减少误差，但是如果比例放大器的增益过高，则会增加系统的不稳定，会有超调甚至振荡发生。通过引入微分控制模式，可以在减少超调量的同时让被控量快速返回设定点。

"微分"即为导数，代表变化率。微分控制环节的输出与其输入（误差）信号的变化率成正比。误差信号的变化越快，微分输出越大；误差信号稳定不变，则微分输出为零。可见微分调节作用具有预见性，能预见偏差变化的趋势，因此能产生超前的控制作用，在偏差还没有形成之前，已被微分调节作用消除，因此可以改善系统的动态性能。在微分时间选择合适的情况下，可以减少系统超调，从而减少调节时间。

对有较大惯性或滞后的被控对象，微分控制器能改善系统在调节过程中的动态特性，但微分作用对噪声干扰有放大作用，过强的微分调节对系统抗干扰不利。此外，微分作用是对误差的变化率做出反应，而当输入没有变化时，微分作用输出为零；因此微分作用不能单独使用，需要与另外两种调节环节相结合，组成比例微分控制器或比例积分微分控制器。

五、多闭环控制

在反馈控制系统中，不管是外部扰动还是系统内部变化导致受控量偏离给定值，都会产生相应的控制作用去消除偏差。一般应用中，采用单一回路反馈控制就可以及时响应被控量的变化。但有一些应用，例如化工设备的温度控制中，被控对象的时间常数较大，对扰动不能及时响应，这时可以采用多闭环控制提供更快且更紧密的响应。在多闭环控制系统中，由于引入了副回路，不仅能及时克服进入副回路的扰动，而且又能改善过程特性。副调节器具有"粗调"的作用，主调节器具有"细调"的作用，从而使其控制品质得到进一步提高。

六、前馈控制

前馈控制属于开环控制，一种前馈作用只针对特定的干扰，因此对于其他的干扰需要反馈控制进行消除。通过前馈和反馈控制构成复合控制能迅速有效地补偿外扰对整个系统的影响，并有利于提高控制精度。前馈控制系统与反馈的主要区别如下。

第一，前馈控制是属于"开环"控制系统，反馈是"闭环"控制系统。

第二，前馈系统中检测量干扰量，反馈系统中检测量被控量。

第三，前馈控制使用的是视对象特性而定的"专用"控制器，又称前馈补偿装置；反馈一般只要用通用调节器。

第四，一种前馈作用只能克服一种干扰，前馈控制比反馈控制及时、有效；反馈则可克服所有干扰。

第五，前馈控制是基于不变性原理工作的，前馈理论上可以无差；反馈必定有差。

前馈控制主要用于下列场合：

干扰幅值大而频繁，对被控量影响剧烈，单纯反馈控制达不到要求。

主要干扰是可测不可控的变量。

对象的控制通道滞后大，反馈控制不及时，控制质量差时，可采用前馈-反馈控制系统，以提高控制质量。

第三节　先进控制方法

一、模糊控制

PID（Proportion Integration Differentiation）控制利用数学方程或逻辑表达式来实现控制过程。但在某些类型的应用中，其数学模型非常复杂，常常无法写出它们的数学函数，或者能够写出来，但巨大的计算量使人望而却步。

模糊逻辑是人工智能的一种形式，能够使计算机模仿人的思维。当人在做决断的时候，常常通过自己的生理感知器官来接受当前的状况信息。人的反应基于由各自的知识和经验形成的规则，但最后用到的并不是一成不变的规则，每一个规则都根据其重要性被赋予不同的权重。人的思维将信息按重要程度区分开来，并据此做出相应的行为。模糊逻辑就是按照相似的方式进行决策运作的。模糊理论主要包括模糊集合理论，模糊逻辑、模糊推理和模糊控制等方面的内容。它允许领域中存在"非完全属于"和"非完全不属于"等集合的情况，即为相对属于的概念；并将"属于"观念数量化，承认领域中不同的元素对于同一集合有不同的隶属度，借以描述元素和集合的关系，并进行量度。

使用模糊控制时，只需将专家对特定的被控对象或过程的控制策略总结成一系列以"IF（条件）THEN（作用）"形式表示的控制规则，而不必去建立复杂的数学公式，然后由模糊推理将控制规则根据其隶属度转换为精确的数学形式，从而可以实现计算机控制。模糊控制将估计方法应用于程序结构中，因此它的控制程序所使用的规则数量只是常规控制系统的1/10，这就缩短了程序的编写时间，而程序执行速度也变得更快。

目前，模糊控制在工业控制领域、家用电器自动化领域和其他很多行业中已经被普遍接受并产生了积极的效益。比如洗衣机、吸尘器、化工过程中温度控制和物料配比控制，在现代汽车中，防锁定制动系统、变速控制、车身弹性缓冲系统及巡航控制系统等中，已经广泛地使用模糊控制。

虽然模糊控制在解决复杂控制问题方面有很大的潜力，但是其设计过程复杂，而且要求具备相当的专业知识；另外，信息简单的模糊处理将导致系统的控制精度降低和动态品质变差，若要提高精度则必然增加量化级数，从而导致规则搜索范围扩大，降低决策速度，甚至不能实时控制。模糊控制的设计尚缺乏系统性，无法定义控制目标；控制规则的选择、域的选择、模糊集的定义、量化因子的选取多采用试凑法，这对复杂系统的控制是难以奏效的。所以，寻找合适的数学工具是模糊控制需要克服的根本问题。

二、最优化控制

控制系统的最优控制问题一般定义为：对于某个由动态方程描述的系统，在某初始和终端状态条件下，从系统所允许的某控制系统集合中寻找一个控制，使得给定的系统的性能目标函数达到最优。

经典控制理论在已知被控对象传递函数的基础上分析系统的稳定性、快速性（过渡过程的快慢）及稳态误差等；现代控制理论在状态方程和输出方程的基础上分析系统的稳定性、能控性、能观性等。综合（或设计）的任务是设计系统控制器，使闭环反馈系统达到要求的各种性能指标。经典控制里采用的是常规综合，设计指标要满足系统的某些笼统的要求（基于传递函数的频域指标），如稳定性、快速性及稳态误差，而现代控制采用的是最优综合（控制），设计指标是要确保系统某种指标最优，如最短时间、最低能耗等。现代控制中主要采用内部状态反馈，而经典控制理论中主要采用输出反馈，状态反馈可以为系统控制提供更多的信息反馈，从而实现更优的控制。

最优控制理论是现代控制理论中的重要内容，近几十年的研究与应用，使最优控制理论成为现代控制论中的一大分支。计算机的发展已使过去认为不能实现的复杂计算成为很容易的事，所以最优控制的思想和方法已在工程技术实践中得到越来越广泛的应用。应用最优控制理论和方法可以在严密的数学基础上找出满足一定性能优化要求的系统最优控制律，这种控制律可以是时间的显式函数，也可以是系统状态反馈或系统输出反馈的反馈律。常用的最优化求解方法有变分法、最大值原理及动态规划法等。最优控制理论的应用领域十分广泛，如时间最短、能耗最小、线性二次型指标最优、跟踪问题、调节问题和伺服机构问题等。但它在理论上还有不完善的地方，其中两个重要的问题就是优化算法中的鲁棒性问题和最优化算法的简化及实用性问题。

三、自适应控制

在日常生活中，所谓自适应是指生物能改变自己的习性来适应新的环境的一种特征。因此，直观地讲，自适应控制器应当是这样一种控制器，它能修正自己的特性，以适应对象和扰动的动态特性的变化。

自适应控制的研究对象是具有一定程度不确定性的系统，这里所谓的"不确定性"是指描述被控对象及其环境的数学模型不是完全确定的，其中包含一些未知因素和随机因素。任何一个实际系统都具有不同程度的不确定性，这些不确定性有时表现在系统内部，有时表现在系统外部。从系统内部来讲，设计者事先并不一定能准确知道被控对象的数学模型的结构和参数。作为外部环境对系统的影响，可以等效地用许多扰动来表示。这些扰动通常是不可预测的。此外，还有一些测量时产生的不确定因素进入系统。面对这些客观存在的各种各样的不确定性，如何设计适当的控制系统，使得某一指定的性能指标达到并保持最优或近似最优，这就是自适应控制所要解决的问题。

自适应控制与常规的反馈控制、最优控制一样，也是一种基于数学模型的控制方法，所不同的只是自适应控制所依据的关于模型和扰动的先验知识比较少，需要在系统的运行过程中去不断提取有关模型的信息，使模型逐步完善。具体地说，可以依据对象的输入/输出数据，不断辨识模型参数，这个过程称为系统的在线辨识。随着生产过程的不断进行，通过在线辨识，模型会变得越来越准确，越来越接近于实际。既然模型在不断地改进，显然，基于这种模型综合出来的控制作用也将随之不断地改进。在这个意义下，控制系统具有一定的适应能力。比如说，当系统在设计阶段，由于对象特性的初始信息比较缺乏，系统在刚开始投入运行时可能性能不理想，但是只要经过一段时间的运行，通过在线辨识和控制以后，控制系统逐渐适应，最终将自身调整到一个满意的工作状态。再比如某些控制对象，其特性可能在运行过程中要发生较大的变化，但通过在线辨识和改变控制器参数，系统也能逐渐适应。

常规的反馈控制系统对于系统内部特性的变化和外部扰动的影响都具有一定的抑制能力，但是由于控制器参数是固定的，所以当系统内部特性变化或外部扰动的变化幅度很大时，系统的性能常常会大幅度下降，甚至不稳定。所以对那些对象特性或扰动特性变化范围很大，同时又要求经常保持高性能指标的一类系统，采取自适应控制是合适的。但是同时也应当指出，自适应控制比常规反馈控制要复杂得多，成本也高得多。因此，只是在用常规反馈达不到所期望的性能时，才会考虑采用自适应控制。

自适应控制课题是控制科学与工程界最活跃的前沿领域之一，也是现代控制理论的重要组成部分和研究热点，其理论和技术日趋成熟，应用范围不断扩大。典型的自适应控制方法包括模型参考自适应控制、自校正控制、变结构控制、混合自适应控制、模糊自适应控制、鲁棒自适应控制等。自适应控制理论已经在航空航天、机器人、冶金、造纸、啤酒酿造、航海、水电站、机车控制、化工、窑炉控制、水下勘探等众多的工程领域中得到了成功的应用，取得了显著的社会效益与经济效益。

四、鲁棒控制

鲁棒性是指系统的健壮性，它是在异常和危险情况下系统生存的关键。比如说计算机软件在输入错误、磁盘故障、网络过载或有意攻击情况下，能否不死机、不崩溃，这就是该软件的鲁棒性。控制系统的鲁棒性是指控制系统在一定范围（结构或大小等）的参数摄动下，维持某些性能的特性。根据对性能的不同定义，可分为稳定鲁棒性和性能鲁棒性。以闭环系统的鲁棒性作为目标设计得到的固定控制器称为鲁棒控制器。

由于工作状况变动、外部干扰及建模误差的缘故，所以实际过程的精确模型很难得到，而系统的各种故障也将导致模型的不确定性，因此可以说模型的不确定性在控制系统中广泛存在。鲁棒控制的早期研究主要针对单变量系统在微小摄动下的不确定性，具有代表性的是 Zames 提出的微分灵敏度分析。然而，实际工业过程中的故障将导致系统中参数的变化，这种变化是有界摄动而不是无穷小摄动。因此产生了以讨论参数在有界摄动下系统性能保持和控制为内容的现代鲁棒控制。

现代鲁棒控制是一个着重控制算法可靠性研究的控制器设计方法，其设计目标是找到在实际环境中为保证安全，要求控制系统最少必须满足的要求。一旦设计好这个控制器，它的参数不能改变，而且控制性能能够保证。对时间域或频率域来说，鲁棒控制方法一般要假设过程动态特性的信息和它的变化范围。一些算法不需要精确的过程模型，但需要一些离线辨识。一般鲁棒控制系统的设计是以一些最差的情况为基础，因此一般系统并不工作在最优状态。

鲁棒控制方法适用于稳定性和可靠性作为首要目标的应用，同时过程的动态特性已知且不确定因素的变化范围可以预估。飞机和空间飞行器的控制是这类系统的例子。在过程控制应用中，某些控制系统也可以用鲁棒控制方法设计，特别是对那些比较关键且不确定因素变化范围大和稳定裕度小的对象。

鲁棒控制系统的设计一般要由高级专家完成。一旦设计成功，就不需太多的人工干预。另外，如果控制系统要升级或进行重大调整，就要重新设计。

第四节　伺服控制基础

伺服控制又称运动控制，是指对物体运动的有效控制，即对物体运动的速度，位置，加速度等参数进行控制。

伺服控制系统是一种能够跟踪输入指令信号进行动作，从而获得精确的位置，速度及动力输出的自动控制系统。伺服控制系统具有以下3个共同的性质。

第一，伺服控制系统控制的是机械对象的位置、速度、加速或减速。

第二，被控对象的运动和位置都是可测的。

第三，伺服装置的输入信号通常变化很快，系统的任务就是尽可能迅速，准确地跟踪输入信号的变化。

一、伺服控制系统的类型

按被控变量分类，可分为位置、速度和转矩控制系统。

（一）位置控制系统

位置控制是将物体移至某一指定位置。以步进电动机伺服控制为例，位置控制一般是通过外部输入脉冲的个数来确定步进电动机转动的角度/位移，转动/移动速度的大小则通过脉冲的频率来确定。也有些伺服控制通过通信方式直接对速度/位移进行赋值。位置控制系统除了要保证定位精度外，对定位速度、加/减速也有一定的要求。

（二）速度控制系统

速度是指物体在某个时间段内的位移量。不同的生产过程对速度的要求也不同，实际生产中要求高速运动的例子有自动贴片机，它的功能是将电子元件贴装到印制电路板上。某些生产过程对速度调节的要求非常高，速度调节可以使系统在不同的负载下保持速度不变，如机床主轴就需要进行速度调节，对不同的工件进行加工时，主轴需要保持一个恒定的速度。

（三）加速/减速控制

加速/减速控制是指在一定时间段内控制速度的变化量，而变化量的大小受惯性、摩擦力及重力的影响。

（四）转矩控制系统

转矩是一种使物体转动的旋转力。转矩控制用于控制电动机输出转矩，保证提供足够的力矩，驱动负载按规定的规律运动。主要应用在对材质的受力有严格要求的缠绕和放卷的装置中，例如绕线装置或拉光纤设备，电动机的输出转矩要根据缠绕的半径的变化而变化，以确保材质的受力不会随着缠绕半径的变化而波动。

二、伺服控制系统的构成单元

机电一体化的伺服控制系统的结构、类型繁多，但从自动控制理论的角度来分析，控制系统一般由操作员界面、控制器、执行器、反馈检测等几部分组成。

（一）操作员界面

操作员界面是操作员与控制系统之间进行联系的工具，包括输入设备和显示终端，输入设备包括键盘、拨动开关和通信接口等。显示终端包括指示灯、监视屏幕等。用户通过操作员界面设置或查看伺服控制系统的各种工作参数或状态信息。

（二）控制器

控制器是控制系统的大脑，控制器收集命令信号、反馈信号、参数调整信号（比如增益设置），以及其他的一些数据。这些信息经过控制器处理后，变成合适的控制信号送入放大器。伺服控制器有许多种，有一些是针对特定应用而设计的专用控制器，如针对数控机床、自动焊接、激光切割等特殊操作或应用设计的专用控制器，更多的是为实现通用功能的控制器，它们可以同时协调几个控制操作，实现高速的数学运算，并与其他的控制器进行通信。

常见的通用控制器有运动控制芯片、可编程控制器、嵌入式微控制器、嵌入式DSP（Digital Signal Processing）处理器和工业控制计算机等。

1.运动控制芯片

运动控制芯片是专门为精密控制步进电动机和伺服电动机而设计的处理器。用户使用运动控制芯片后，原本复杂的运动控制问题就可以变得相对简单。所有实时运动控制可交由运动控制芯片来处理，其中包括匀速和变速脉冲的发生，升降速规划、直线和圆弧插补、原点及限位开关管理、编码器计数、丢步检测等。主控器（单片机或计算机）只需向芯片发出简单指令，即可完成各种复杂运动，可将主控器自身资源主要用于人机接口（键盘、显示等）及输入/输出（I/O）监控，大大简化了运动控制系统的软硬件结构和开发工作。

运动控制芯片在数控机床、电脑雕刻机、工业机器人，医用设备、自动仓库、绕线机、绘图仪、点胶机、IC电路制造设备、芯片装片机、IC电路板等领域有广泛的实际运用，取得了非常好的效果。

2.可编程控制器

可编程控制器（programmable logic controller，PLC）是一种数字运算操作的电子系统，专为在工业环境下的应用而设计。它采用可编程序的存储器，用来在其内部存储执行逻辑运算、顺序控制、定时、计数和算术运算等操作的指令，并通过数字信号、模拟信号的输入和输出，控制各种类型的机械或生产过程。可编程序控制器及其有关设备，都应按易于与工业控制系统形成一个整体、易于扩充其功能的原则设计。

在工业生产过程中，存在大量的开关量顺序控制，它按照逻辑条件进行顺序动作，并按照逻辑关系进行连锁控制及大量离散数据的采集。传统上这些功能是通过气动或电气控制系统来实现的。随着微处理器技术及软件编程技术的不断创新及发展，PLC的功能越来越强大，使得PLC能够应用在更加复杂的运动及过程控制中，而且速度也不断提高。某些特定模块的功能也得到了扩展，比如，它能结合PID控制、条形码识别、可视系统、射频通信、声音识别和语音合成装置等进行某些工作。PLC具有使用方便、编程简单、通用性强、适应面广、可靠性高、抗干扰能力强等特点。在可预见的未来，PLC在工业自动化控制中的地位是难以取代的。

3.嵌入式微控制器

嵌入式微控制器又称单片机，顾名思义，就是将整个计算机系统集成到一块芯片中。嵌入式微控制器一般以某一种微处理器内核为核心，芯片内部集成ROM/EPROM、RAM、总线、总线逻辑、定时/计数器、Watchdog、I/O、串行口、脉宽调制输出、A/D、D/A，Flash RAM、EEPROM等各种必要硬件，虽其性能无法与通用计算机相比，但其体积小、成本和功耗低等优点，使得其应用非常广泛。比如，常见的电子秤、智能电饭煲、变频空调器、电视机等，内部都有单片机，工业上的应用更是无处不在。为适应不同的应用需求，一般一个系列的单片机具有多种衍生产品，每种衍生产品的处理器内核都是一样的，不同的是存储器和外设的配置及封装。这样可以使单片机最大限度地与应用需求相匹配，功能不多不少，从而减少功耗和成本。微控制器是目前嵌入式工业系统的主流。

4.嵌入式DSP处理器

DSP处理器对系统结构和指令进行了特殊设计，使其适合于执行数字信号处理算法，编译效率较高，指令执行速度也较高。在数字滤波、FFT（fast Fourier transform）、谱分析等方面，DSP算法正在大量进入嵌入式领域。DSP应用正在从通用单片机中以普通指令实现DSP功能，过渡到采用嵌入式DSP处理器。嵌入式DSP处理器有两个发展来源：一是DSP处理器经过单片化、EMC（Electromagnetic Magnetic Compatibility）改造，增加片上外设，成为嵌入式DSP处理器，如美国TI公司的TMS320C2000/C5000等；二是在通用单片机或SOC（System on Chip）中增加DSP协处理器，例如Intel的MCS-296和Siemens的Tri-Core。微电子制造工艺的日臻完善，使得DSP运算速度呈几何级数上升，达到了伺服环路高速实时控制的要求，一些运动控制芯片制造商还将电动机控制所必需的外围电路［如A/D转换器、位置/速度检测、倍频计数器、PWM（Pulse Width Modulation）发生器等］与DSP内核集成于一体，使得伺服控制回路的采样时间达到100μs以内，如TMS320C2000，由单一芯片实现自动加、减速控制，电子齿轮同步控制，位置、速度、电流三环的数字化补偿控制。一些新的控制算法如速度前馈、加速度前馈、低通滤波、凹陷滤波等得以实现。嵌入式DSP处理器比较有代表性的产品有Texas Instruments的TMS320系列和Motorola的DSP56000系列。

5.工业控制计算机

将个人电脑用于控制系统，它具有传统的PLC所无法比拟的特性：个人电脑高速的CPU（central processing unit）和大容量的内存、硬盘，使得基于PC（PC-Based）的控制方案在大规模的，具有大量过程控制和需要复杂数学运算的应用中具有先天的优势；个人电脑能很方便地与各种通用的通信网络和现场总线相联，这样在I/O硬件的选择上就非常灵活；运行在个人电脑上的PC-Based控制软件能很方便地与其他程序交换数据，这样用户可以根据控制的要求构造自己的应用环境。个人电脑拥有巨大的开发队伍和应用群体，新的硬件和软件层出不穷，性能越来越高，价格越来越低，维护和支持非常方便，使那些专用的控制系统无法望其项背。所有的这一切，使得PC-Based控制进入了高速发展、广泛应用的新时代，对传统的工业控制方案形成了强大的冲击，给工业控制领域带来了革命性的变化。先进、灵活，通用、开放、简便是PC-Based控制方案最吸引人的地方。当然，用于工业现场的PC不是普通的家用PC，而是在机箱、电源、风扇、主板等硬件上进行特别设计的工业计算机，操作系统一般采用Windows、Linux和Unix等的工作站或服务器，以获得更强的稳定性。在IPC（Industrial PC）上插入数据采集、I/O图像采集、运动控制和通信等插卡，再针对工艺要求编制或组态控制软件，便构成了PC-Based控制系统。

随着集成电路技术、微电子技术、计算机技术和网络技术的不断发展，运动控制器已经从以单片机或微处理器作为核心的运动控制器和以专用芯片作为核心处理器的运动控制器，发展到了基于PC总线的以DSP和FP-GA作为核心处理器的开放式运动控制器。这类开放式运动控制器以DSP芯片作为运动控制器的核心处理器，以PC机作为信息处理平台，运动控制器以插卡形式嵌入PC机，即"PC＋运动控制器"的模式。这样将PC机的信息处理能力和开放式的特点与运动控制器的运动轨迹控制能力有机地结合在一起，具有信息处理能力强、开放程度高、运动轨迹控制准确、通用性好的特点。这类运动控制器充分利用了DSP的高速数据处理功能和FPGA的超强逻辑处理能力，便于设计出功能完善、性能优越的运动控制器。这类运动控制器通常都能提供板上的多轴协调运动控制与复杂的运动轨迹规划，实时的插补运算、误差补偿、伺服滤波算法，能够实现闭环控制。由于采用FPGA技术来进行硬件设计，方便了运动控制器供应商根据客户的特殊工艺要求和技术要求进行个性化的定制，形成独特的产品。

（三）执行器

执行器模块可以进行线性或旋转运动。伺服控制执行器通常是电动机和液压马达等。在伺服控制中，用以驱动负载的电动机的种类很多，其中最常用的电动机是直流有刷电动机、直流无刷电动机、交流伺服电动机、交流感应电动机和步进电动机。

1.直流有刷电动机

直流有刷电动机控制简单，响应快速，启动转矩高，输出转矩稳定，而且造价便宜。但是由于使用电刷的缘故，对维护的要求比较高。

2.直流无刷电动机

直流有刷电动机的转子由换向器、铁芯和线圈组成。由于这些部件都是金属元件，因此整个转子比较重，转子的惯性也就比较大。在定位操作中，通常不希望转子的启动惯性和停车惯性过大。直流无刷电动机用电子换向器取代了机械换向器，并将线圈换成了永磁体，减少了转子的质量，从而使其惯性变小。它的定子由多相绕组组成，当绕组被半导体开关电路激活后，产生一个旋转的磁场。定子磁场和永磁体磁场之间的相互作用使得转子开始旋转。当要求比较小的转子惯性和较大的转矩及速度调节范围时，可以使用直流无刷电动机。

3.交流伺服电动机

交流伺服电动机的工作原理和分相感应电动机的工作原理类似。加在两个定子线圈上的电压的相位差为90°，定子中可以产生旋转的磁场。主绕组中的一相电压是由交流电源提供的，辅助绕组中的另一相电压则由伺服驱动放大器提供。磁力线的运动使得转子开始转动，电动机的转速也就是磁场的转速。由于转子有磁极，所以在极低频率下也能旋转运行，所以它比异步电动机的调速范围更宽。伺服放大器可以改变辅助绕组的磁场强度，当场强变化时，电动机的速度也会发生变化；如果磁场变弱，那么电动机的转速变低；当场强减小为零时，电动机停止转动。交流伺服电动机的转矩和速度呈线性关系。而与直流伺服电动机相比，它没有机械换向器，没有碳刷，没有换向时产生的火花和对机械造成的磨损。另外，交流伺服电动机自带编码器，随时将电动机运行的情况反馈给驱动器，驱动器根据反馈信号，精确控制电动机的转动。

4.感应电动机

感应电动机是指定子和转子之间靠电磁感应作用，在转子内感应电流，以实现机电能量转换的电动机。感应电动机的优点是结构简单，制造方便，价格便宜，运行方便；缺点是功率因素滞后，轻载时功率因数低，调速性能稍差。矢量逆变器被开发出来之前，在伺服系统中一般都不使用感应电动机。这是因为这种电动机转子电路的感应延迟使得它的响应比较慢。矢量逆变器通过改变定子电压的大小和同步频率来控制感应电动机的速度和位置。定子的旋转磁场使转子线圈内产生一个感应电流，将转子转动。当转子线圈的旋转速度小于同步速度时，就会产生磁感应现象。当同步频率比较低时，感应现象并不明显。因此在伺服控制中，感应电动机通常只用于高速运行或高速定位。

5.步进电动机

步进电动机是将电脉冲信号转变为角位移或直线位移的机电执行元件。如数控装置输出的进给脉冲经驱动控制电路到达步进电动机后，转换为工作台的位移；进给脉冲的数量、频率和方向对应了工作台的进给位移量，进给速度和进给方向。在额定负载的情况下，步进电动机的转速和停止的位置取决于脉冲信号的频率和脉冲数，而不受负载变化的影响，即给电动机加一个脉冲信号，电动机则转过一个步距角；此外，步进电动机只有周期性的误差而无累积误差。在速度、位置等控制领域采用步进电动机可以构成简单可靠的开环运动控制系统。但开环控制容易发生失步或过冲，导致定位不准，特别是启动或停止的时候，如果实际需要的转矩大于步进电动机所能提供的转矩或转速过高，就会发生失步或过冲现象。为了克服步进失步和过冲现象，应该在步进电动机启动或停止时加入适当的加或减速控制；也可以加入反馈装置（如编码器）构成闭环系统，来改善步进电动机定位的精确性。

6.液压传动器

液压系统利用液压泵将原动机的机械能转换为液体的压力能，通过液体压力能的变化来传递能量，经过各种控制阀和管路的传递，借助于液压执行元件（液压缸或马达）把液体压力能转换为机械能，从而驱动工作机构，实现直线往复运动和回转运动。其中的液体称为工作介质，一般为矿物油，它的作用和机械传动中的皮带、链条和齿轮等传动元件相类似。与机械传动、电气传动相比，液压传动有以下主要优点：①结构紧凑、体积小、质量小，例如同功率液压马达的质量只有电动机质量的10%~20%。因此惯性力较小，当突然过载或停车时，不会发生大的冲击。②液压传动装置能在运行过程中进行无级调速，调速方便且调速的范围大，最大可达1：2000（一般为1：100）。③液压传动装置工作比较平稳，反应快，能高速启动、制动和换向。④液压泵和液压马达之间用油管连接，在空间布置上彼此不受严格限制。⑤由于采用油液为工作介质，元件相对运动表面间能自行润滑，磨损小，使用寿命长。⑥液压传动装置易于实现自动化及过载保护。便于控制、调节，操纵省力。⑦液压元件实现了标准化、系列化、通用化，便于设计、制造和使用。

液压传动的缺点如下：①液压传动装置中液体的泄漏和液体的可压缩性，使液压传动无法保证严格的传动比。②对液压元件制造精度要求高，工艺复杂，成本较高。③液压传动装置由于在能量转换及传递过程中存在着机械摩擦损失、压力损失和泄漏损失，导致总效率降低，不宜做远距离传动。④液压传动装置对油温的变化比较敏感，不宜在很低温度及很高温度环境下工作。⑤液压传动装置对油液的污染比较敏感，要求有良好的过滤设施。⑥液压传动在能量转化的过程中，特别是在节流调速系统中，其压力大，流量损失大，故系统效率较低。

液压传动的应用非常广泛，如一般工业用的塑料加工机械、压力机械、机床等；钢铁工业用的冶金机械、提升装置、轧轮调整装置等；土木水利工程用的防洪闸门及堤坝装置，桥梁操纵机构等；船舶用的甲板起重机械、舱壁阀、船尾推进器等；特殊装备用的巨型天线控制装置，升降旋转舞台等；军事装备中的火炮操纵装置，船舶减摇装置，飞行器仿真，飞机起落架的收放装置和方向舵控制装置等。

（四）反馈检测

反馈检测模块将运动部件的实际位置、方向，速度、基准位置和极限位置等参数进行检测，转换为电信号反馈给控制器模块。闭环控制系统依靠反馈模块的输出来了解系统的实际输出状态，因此反馈检测模块在闭环控制系统中作用非常重要。具体选用何种装置作为反馈模块，取决于工作环境、精确度和成本等因素。测量反馈模块按所实现的功能的不同，分为存在指示和位置检测两种。

1.存在指示

存在指示的功能是通知控制器，被测物是否处于某个特定位置。如在位置控制中，采用行程开关或光电开关来检测各个运动轴的极限位置，以防止运动超出安全行程。又如机器运转时，出于安全的考虑，通常采用安全光幕或安全开关防止人及物体进入部件高速运动的空间，当检测到异物侵入时，高速运动会被停止或降低速度，以防止损害的发生。存在指示器包括原点开关，限位开关、弹簧继电器、接近检测器和光电开关。

2.位置检测

存在指示器只能检测被测物是否处于某个特定位置，准确的位置控制还需要使用能在整个行程内提供位置信息的检测装置。常见的位置反馈装置包括编码器、旋转变压器、感应同步器、光栅和磁栅等。

（1）编码器：编码器又称码盘，它是一种旋转式测量元件，通常装在被测轴上，随被测轴一起转动，可将被测轴的角位移转换为脉冲形式或编码形式。根据内部结构和检测方式，编码器可分为接触式、光电式和电磁式3种。编码器的信号可以表示位置、方向和速度。光电编码器是一种光学式位置检测装置，通过光电转换，将被测轴上的机械几何位移量转换为脉冲或数字量。光电编码器是非接触检测，响应速度快。

光电编码器由光栅盘和光电检测装置组成。光栅盘是在一定直径的圆板上等分地开通若干个长方形孔。由于光电码盘与被测轴同轴，被测轴旋转时，光栅盘与被测轴同速旋转，经发光二极管等电子元件组成的检测装置检测输出若干脉冲信号，通过计算每秒光电编码器输出脉冲的个数就能反映当前被测轴的转速。此外，为判断旋转方向，码盘还可提供相位相差90°的两路脉冲信号。光电编码器具有体积小、精度高、工作可靠、接口数字化等优点。它广泛应用于数控机床、回转台、伺服传动、机器人、雷达、目标测定等需要检测角度的装置和设备中。

（2）旋转变压器：旋转变压器又称同步分解器，它是一种绝对位置感应装置，它将机械转角转换成与该转角呈某一函数关系的电信号。通常应用的旋转变压器为二极旋转变压器，其定子和转子绕组中各有互相垂直的两个绕组。另外，还有一种多极旋转变压器。也可以把一个极对数少的和一个极对数多的两种旋转变压器做在一个磁路上，装在一个机壳内，构成"粗测"和"精测"电气变速双通道检测装置，用于高精度检测系统和同步系统。作为位置检测装置，旋转变压器有两种应用方式：鉴相方式和鉴幅方式。

旋转变压器结构简单，动作灵敏，对环境无特殊要求，维护方便，输出信号幅度大，抗干扰性强，工作可靠，在数控机床上应用广泛。

（3）感应同步器：感应同步器类似于旋转变压器，相当于一个展开的多极旋转变压器。感应同步器的种类繁多，根据用途和结构特点，可分成直线式和旋转式（圆盘式）两大类。

感应同步器与旋转变压器一样，是利用电磁耦合原理，将位移或转角转换成电信号。感应同步器由定尺和滑尺两部分组成，实质上，感应同步器是多极旋转变压器的展开形式。感应同步器按其运动形式和结构形式的不同，可分为旋转式（或称圆盘式）和直线式两种：前者用来检测转角位移，用于精密转台和各种回转伺服系统；后者用来检测直线位移，用于大型和精密机床的自动定位、位移数字显示和数控系统中。两者工作原理和工作方式相同。与旋转变压器一样，感应同步器也有鉴相式和鉴幅式两种工作方式，原理亦相同。

（4）光栅：光栅位移传感器（简称光栅尺）是利用光栅的光学原理工作的测量反馈装置。

光栅一般作为高精度数控机床的位置检测装置，是闭环控制系统中用得较多的测量装置，可以用于位移和转角的测量。光栅输出的信号为数字脉冲，具有检测范围大、检测精度高、响应速度快的特点。常见光栅是根据物理上莫尔条纹的形成原理进行工作的。光栅尺位移传感器按照制造方法和光学原理的不同，分为透射光栅和反射光栅。光栅位移传感器由标尺光栅和光栅读数头两部分组成。标尺光栅一般固定在机床活动部件上，光栅读数头装在机床固定部件上，指示光栅装在光栅读数头中。

常见的光栅从形状上可分为圆光栅和长光栅：长光栅用于直线位移的检测，圆光栅用于角位移的检测。光栅的检测精度较高，可达1μm以上。圆光栅直接安装在转台上并接近转台的工作面，确保转台设计的小巧紧凑。这种结构消除了常规角度编码器固有的反向间隙、耦合误差、扭矩误差及滞后误差，可实现最优化伺服控制。

（5）磁栅：磁栅是一种计算磁波数目的位置检测元件。在磁性材料的表层或非导磁材料的磁性镀层上，准确地等距离磁化为具有N、S极的尺子、圆杆或圆盘。尺子称磁尺（有尺式和带式两种），圆杆称磁杆，两者用于直线位移测量；圆盘称磁盘，用于角位移测量。磁栅的栅距一般为0.2mm或0.1mm。

用磁栅测量时需配以磁头，磁栅和磁头组成的部件称为磁栅式长度传感器。磁栅的测长精度可达3μm/1000mm，测角精度可达1″/360°。磁栅可用于直线和转角的测量，其优点是精度高，复制简单及安装方便等，且具有较好的稳定性，常用在油污、粉尘较多的场合，因此在数控机床、精密机床和各种测量机上得到了广泛使用，例如机床的定位反馈系统、丝杠测量仪、电子千分尺、电子高度卡尺等。

第五节　数控技术基础

数控技术是利用数字化信息对机械运动及加工过程进行控制的一种技术，综合了自动控制理论、电子技术、计算机技术、精密测量技术和机械制造技术等多学科领域的最新成果。数控技术是现代先进制造技术的基础和核心，是实现柔性制造、计算机集成制造、工厂自动化的重要基础技术之一。

一、数控技术基本概念

数控机床是一种采用数控技术进行控制的机床，能够按照规定的数字化代码，把各种机械位移量、工艺参数、辅助功能（如刀具交换、冷却液开与关等）表示出来，经过数控装置的逻辑处理与运算，发出各种控制指令，实现要求的机械动作，自动完成零件加工任务。在被加工零件或加工工序变换时，它只需改变控制的指令程序就可以实现新的加工。

二、数控机床的主要组成

数控机床技术由机床本体，数控系统和外围技术组成。

（一）机床本体

机床本体主要由床身、立柱、工作台、导轨等基础件和刀库、刀架等配套件组成。

（二）数控系统

数控系统是一种程序控制系统，它按一定的逻辑和顺序编译和执行输入到系统中的数控加工程序，控制数控机床运动并加工出零件。它由输入/输出装置、计算机数控（computer numerical control，CNC）装置、可编程控制器（PLC）、伺服驱动装置及反馈检测装置等组成。

1.计算机数控装置

CNC装置是数控系统的核心，CNC装置通过编译和执行内存中的数控加工程序，实现各种数控加工需要的功能。进行数控加工时，CNC装置通过输入装置读入零件的加工程序，存放到内部存储器；执行加工时，从内存中读出数控加工程序，逐个程序段调出，先进行译码处理，将程序段的内容分成位置数据和控制指令，并存放到相应的存储区域；最后根据数据和指令的性质进行各种流程处理，完成数控加工的各项功能。

早期的数控机床是通过读取穿孔纸带上的信息获得数控加工程序的，目前可以从键盘输入和编辑数控加工程序，也可以通过软驱、USB接口、RS-232C接口等获得数控加工程序；部分高档数控装置本身包含自动编程系统或CAD/CAM系统，只需输入相应的零件几何信息和加工信息，就能生成数控加工程序。CNC装置一般具有以下基本功能：坐标控制功能、主轴转速控制功能、准备功能、辅助功能、刀具功能、进给功能及插补功能、自诊断功能等。有些功能可以根据机床的特点和用途进行选择，如固定循环功能、刀具半径补偿功能、通信功能、特殊的准备功能、人机对话编程功能、图形显示功能等。

2.可编程控制器

在数控系统中除了进行轮廓轨迹控制和点位控制外，还应控制一些开关量，如主轴的启动与停止、冷却液的开与关、刀具的更换、工作台的夹紧与松开等，这些主要由可编程控制器来完成。

3.伺服驱动装置

伺服驱动装置又称伺服系统，它把来自CNC装置的指令信号通过调制、转换、放大后驱动伺服电动机，通过执行部件驱动机床运动，使工作台精确定位或使刀具与工件按规定的轨迹做相对运动。

数控机床的伺服驱动装置分为主轴驱动单元（主要是转速控制）、进给驱动单元（包括位移和速度控制）、回转工作台和刀库伺服控制装置及它们相应的伺服电动机等。

4.反馈检测装置

反馈检测装置主要用于闭环和半闭环系统。检测装置检测出实际的位移量，反馈给CNC装置中的比较器，与CNC装置发出的指令信号比较，如果差值不为零，就发出伺服控制信号，控制数控机床移动部件向消除该差值的方向移动；不断比较指令信号与反馈信号，然后进行控制，直到差值为零，运动停止。常用检测装置有旋转变压器、编码器、感应同步器、光栅、磁栅和霍尔检测元件等。

（三）外围技术

数控机床的外围技术主要包括工具系统（主要指刀具系统）编程技术和管理技术。

三、数控机床的分类

（一）按运动轨迹的控制方式分类

根据数控机床运动轨迹的控制方式的不同，可将数控机床分成点位控制、直线控制和轮廓控制3种类型。

1.点位控制数控机床

一些孔加工数控机床，如数控钻床、数控冲床等，数控系统控制刀具从一个位置到另一个位置的准确定位，对移动轨迹则无严格要求。相应的运动控制器要求具有快速的定位速度，在运动的加速段/减速段采用不同的加/减速控制策略。在加速运动时，为了使系统能够尽快加速到设定速度，往往提高系统增益和提高加速度，在减速的末段采用S曲线减速的控制策略。为了防止系统到位后振动，到位后又会适当减小系统的增益。所以，点位运动控制器往往具有在线可变控制参数和可变加减速曲线的能力。

2.直线控制数控机床

直线控制数控机床不仅要求实现从一个位置到另一个位置的精确移动，而且要求机床工作台或刀具（刀架）以给定的进给速度，沿平行于坐标轴的方向进行直线运动，或与坐标轴成45°角的斜线方向进行直线运动。

3.轮廓控制数控机床

轮廓控制数控机床能够对两个或两个以上运动轴（坐标轴）的位移和速度同时进行连续相关的控制，使刀具与工件间的相对运动符合工件加工轮廓要求，这类机床在加工过程中，每时每刻都对各运动轴的位移和速度进行不间断控制，既要保证系统加工的轮廓精度，还要保证刀具沿轮廓运动时的切向速度的恒定。对于小线段加工，有多段程序预处理功能。数控车床、数控铣床、加工中心等都具有轮廓加工控制能力。

根据同时控制坐标轴的数目，可分为两轴联动、两轴半联动、三轴联动、四轴和五轴联动轮廓控制数控机床。多个轴之间的运动协调控制一般通过电子齿轮和电子凸轮功能实现，可以是多个轴在运动全程中进行同步，也可以是在运动过程中的局部有速度同步。两轴联动可以实现二维直线、圆弧、曲线的轨迹控制。两轴半联动除了控制两个坐标轴联动外，还同时控制第三坐标轴作周期性进给运动，可以实现简单曲面的轨迹控制。三轴联动同时控制x、y、z 3个直线坐标轴联动，实现曲面的轨迹控制。四轴或五轴联动除了控制x、y、z 3个直线坐标轴外，还能同时控制一个或两个回转坐标轴，如工作台的旋转、刀具的摆动等，从而实现复杂曲面的轨迹控制。

（二）按伺服系统控制方式分类

根据数控机床伺服驱动控制方式的不同，可将数控机床分成开环控制、半闭环控制和闭环控制3种类型。

1.开环控制数控机床

开环控制数控机床没有位移检测反馈装置，数控装置发出的控制指令直接通过驱动装置控制步进电动机的运转，然后通过机械传动系统转化成刀架或工作台的位移。开环控制数控机床结构简单，制造成本较低，价格便宜，在国内应用广泛。但是，由于这种控制系统没有反馈检测装置，无法通过反馈自动进行误差检测和校正，因此定位精度一般不高。

2.半闭环控制数控机床

半闭环控制数控机床带有位置检测装置，它的检测装置安装在伺服电动机上或丝杠的端部，通过检测伺服电动机或丝杠的角位移，间接计算出机床工作台等执行部件的实际位置值，然后与指令位置值进行比较，进行差值控制。这里介绍的半闭环控制环内不包括丝杠螺母副及机床工作台导轨副等大惯量环节，因此可以获得稳定的控制特性，而且调试比较方便，价格也较闭环系统便宜，但精度比闭环控制机床略低。

3.闭环控制数控机床

闭环控制数控机床带有位置检测装置，而且位置检测装置安装在机床刀架或工作台等执行部件上，直接检测这些执行部件的实际位置。比较指令位置值与反馈的实际位置值得到位置偏差值，根据差值控制电动机进行误差修正，直到位置误差消除为止。这种闭环控制方式可以消除由于机械传动部件误差给加工精度带来的影响，因此可得到很高的加工精度，但由于它将丝杠螺母副及工作台导轨副这些大惯量环节放在闭环之内，系统稳定性会受到影响，调试困难，且结构复杂，价格昂贵。

（三）按伺服驱动系统分类

根据数控机床伺服驱动系统的不同，数控机床的伺服系统分为步进电动机伺服系统、直流伺服系统、交流伺服系统、直线伺服系统。

基于步进电动机的开环伺服系统结构简单，价格低廉，使用维修方便，位置精度由步进电动机本身保证，适用于经济型数控车床。也有采用步进电动机驱动的数控机床同时采用位置检测元件，构成反馈补偿型的驱动控制结构，这样提高了驱动系统的性能。

直流伺服系统具有相应速度快、精度和效率高、调速范围宽、过载能力强、机械特性较硬等优点，在数控机床上应用广泛。但直流伺服系统使用机械（电刷、换向器）换向，维护工作量大。目前已经研制出无电刷的直流电动机，能较好地克服上述缺点。

随着交流伺服电动机的材料、结构、控制理论和方法均有突破性的进展，电力电子器件的发展又为控制方法的实现创造了条件，使得交流伺服电动机驱动装置发展很快。目前在大部分工程应用中，交流伺服系统已经取代直流伺服系统。交流伺服电动机坚固耐用、经济、可靠，适合于在恶劣环境下工作，此外，还具有动态响应好、转速高和容量大等优点。当今，在交流伺服系统中，除了驱动级外，电流环、速度环和位置环可以全部采用数字化控制。伺服系统的控制模型、数控功能、静动态补偿、前馈控制、最优控制、自学习功能等均由微处理器及其控制软件高速实时地实现，使得其性能更加优越，已达到和超过直流伺服系统。

直线伺服系统是一种采用直线电动机驱动的新型高速、高精度的伺服系统。传统的数控机床传动系统主要是由"旋转伺服电动机+滚珠丝杆"组成，在这种传动方式中，电动机输出的旋转运动要经过联轴器、滚珠丝杆、滚珠螺母等一系列中间传递和变换环节，才转换为被控对象刀具的直线运动。由于中间存在着运动形式变换环节，高速运动下滚珠丝杠的刚度、惯性，加速度等动态性能已经不能满足要求。直线伺服系统中直线电动机直接与负载连接，取消了各种中间环节（滚珠丝杆，减速机、齿形带等），克服了传统传动环节带来的缺点，精度直接反映到机械上，显著提高了机床的动态灵敏度、加工精度和可靠性。

四、数控机床的伺服驱动系统

数控机床伺服系统是以机床移动部件的位置和速度为控制量的自动控制系统，又称位置随动系统、拖动系统或伺服机构。它的作用是接收来自CNC装置（插补装置或插补软件）的进给指令，经过一定的信号变换及功率放大，再驱动各加工坐标轴按指令运动，并保证运动的快速和准确。这些轴有的带动工作台，有的带动刀架，通过几个坐标轴的综合联动，使刀具相对于工件产生各种复杂的机械运动，加工出所要求的复杂形状零件。

（一）数控机床伺服系统的控制对象

数控机床伺服控制包括伺服进给运动和主轴运动控制，进给伺服系统用来控制机床各坐标轴的进给运动，以直线运动为主；主轴伺服系统用来控制主轴的运动，以旋转运动为主。主轴驱动控制相对简单，一般只要满足主轴调速及正，反转即可，但当要求机床有螺纹加工和准停等功能时，就对主轴提出了相应的位置控制要求。进给伺服系统是数控装置和机床机械传动部件间的联系环节，是数控机床的重要组成部分，它包含机械、电子，电动机（早期产品还包含液压）等各种部件，并涉及强电与弱电控制，是一个比较复杂的控制系统。目前CNC装置的性能已相当优异，并正在迅速向更高水平发展，故伺服系统的动态和静态性能在很大程度上决定了数控机床的性能，如最高运动速度、跟踪及定位精度、零件加工表面质量、生产率及工作可靠性等技术指标。

（二）数控机床对进给伺服系统的要求

数控机床对进给伺服系统的基本要求是：高精度、稳定性好、快速响应和调速范围宽等。

第一，伺服系统的精度是指机床工作的实际位置复现插补器指令信号的精确程度。在数控加工过程中，对机床的定位精度和轮廓加工精度要求都比较高，一般定位精度要达到$1 \sim 10 \mu m$，有的要求达到$0.1 \mu m$；而轮廓加工与速度控制和联动坐标的协调控制有关，对速度调节系统的抗负载干扰能力和动静态性能指标都有较高的要求。

第二，伺服系统的稳定性是指系统在突变的指令信号或外界扰动的作用下，能够以最大的速度达到新的或恢复到平衡位置的能力。稳定性是直接影响数控加工精度和表面粗糙度的重要指标，较强的抗干扰能力是获得均匀进给速度的重要保证。

第三，快速响应是伺服系统动态品质的一项重要指标，它反映了系统对插补指令的跟踪精度。在加工过程中，为了保证轮廓的加工精度，降低表面粗糙度，要求系统跟踪指令信号的速度要快，过渡时间尽可能短，而且无超调，一般应在200ms以内，甚至小于几十ms。

第四，调速范围是指数控机床伺服电动机的最高转速和最低转速之比。在数控加工过程中，切削速度因加工刀具，被加工材料及零件加工要求的不同而不同。为保证在任何条件下都能获得最佳的切削速度，要求进给伺服系统必须提供较大的调速范围。

第五，机床加工的特点是低速时进行重切削，这就要求伺服系统在低速时提供较大的输出转矩。

第六，对环境（如温度、湿度、粉尘、油污、振动和电磁干扰等）的适应性强，性能稳定，使用寿命长，平均无故障时间长。

（三）数控机床的位置控制系统

位置控制系统是伺服系统的重要组成部分，它是保证位置精度的环节。位置控制系统通常包括位置控制环、速度控制环、电流控制环。位置环和速度环（电流环）是紧密相连的，速度环的给定值来自位置环。位置环的输入是位置偏差值。位置比较器将位置指令和实际位置反馈信号比较，得到位置偏差。位置指令来自轮廓插补器的输出，实际位置反馈信号来自位置检测元件。位置控制单元根据速度指令的要求及各环节的放大倍数（称增益），对位置偏差数据进行处理，把处理后的结果送给速度环，作为速度环的给定值。

位置环，速度环和电流环可用软件或硬件实现，据此可将伺服系统分为全数字伺服系统和混合伺服系统。全数字伺服系统是用计算机软件实现位置环、速度环和电流环的控制，即系统中的控制信息全用数字量处理。混合伺服系统是通过软件实现位置环控制，通过硬件实现速度环和电流环的控制，是一种软硬结合、数字信号和模拟信号结合的混合系统。对于混合伺服系统，根据位置比较方式的不同，分为相位比较伺服系统、幅值比较伺服系统、数字脉冲比较伺服系统和全数字伺服系统。

第三章

机械设计

第一节　机械设计概述

一、机械设计的概念

人类自降生于地球之日起就不断地用自己的智慧和才能改造着自然，为自身创造生存所需的物质条件。随着社会的发展，以及人类的追求与改造自然的能力逐步提高，人类对物质的要求越来越高。这样，也就有意识、有目的地通过思维活动、设计及加工制造，使得初级的物质成为一种高级产品。例如，人类的代步工具的发展，从最初的牛、马等动物，到后来的手推车、自行车，再到第二次工业革命后的火车、汽车以及各种各样的电动车，直至现在的使人类得以脱离陆地，飞行于蓝天的飞机和遨游于太空的航天器。显而易见，在这一发展历程中，每一个阶段都离不开人类的思维活动和设计。

设计是为了满足人们对产品功能的需要，它运用基础知识、专业知识、实践经验和系统工程等方法，将预定的目标通过人们的创造性思维，经过一系列规划、计算、分析和决策，产生载有相应的文字、数据、图形等信息的技术文件，以取得最满意的社会与经济效益的全过程工作。设计是把各种先进技术成果转化为生产力的一种手段和方法。而以机械作为对象所开展的设计活动就是机械设计。

机械设计是指规划和设计实现预期功能的新机械或改进原有机械的功能。

一直以来，机械设计就是人类改造自然，创造良好生存环境的一种重要的创造活动，是推动人类社会和文明发展的重要助推器。从黄帝的指南车、《天工开物》中记载的各种灵巧的机械、三国时期诸葛亮所发明木牛流马，到今天的火星探测车和神舟飞船，无不包含机械设计的成果。

二、机械的内涵

（一）机械的特征

机械是机器和机构的总称。机器是执行机械运动的装置，用来变换或传递能量、物料、信息。在日常生活和生产实践中，人们广泛地使用着各种机器，如自行车、缝纫机、洗衣机、汽车、机床、电动机、起重机等。

如单缸四冲程内燃机，它由曲轴、飞轮、连杆、活塞、汽缸、螺母和螺栓、气阀、弹簧、顶杆、凸轮、齿轮和机座等组成。其工作原理是：当燃气推动活塞做往复移动时，通过连杆使曲轴做连续转动，从而将燃气的化学能转换为曲轴的机械能。齿轮、凸轮和顶杆按一定的运动规律控制阀门的启闭，以吸入燃气和排出废气。工作过程包括进气、压缩、做功和排气共4个行程。

尽管机器种类繁多，形式多样，用途各异，但都具有如下共同的特征：人为制造的实物的组合；各部分之间具有确定的相对运动；能变换或传递能量、物料和信息，如电动机和内燃机用来变换能量、起重机用来传送物料、计算机用来交换信息等。

凡具有上述3个特征的实物组合称为机器。

所谓机构，它具有机器的前两个特征，即机构是具有相对运动的实物组合，并能实现各种预期的机械运动。从组成上看，机器是由各种机构组合而成的。例如内燃机，就包含着由曲轴、连杆、汽缸、活塞组成的连杆机构，由齿轮组成的齿轮机构，以及由凸轮和顶杆组成的凸轮机构等。其中，连杆机构将活塞的往复移动转换为曲轴的回转运动，齿轮机构和凸轮机构的协调动作则确保内燃机的进、排气阀按工作要求有规律地启闭。由此可知，机构正是机器执行机械运动的装置，或者说，机器中执行机械运动的装置就是机构。因此，从运动的观点来看，机构与机器并无差别，但从研究的角度来看，尽管机器的种类极多，但机构的种类却有限。将机构从机器中单列出来，对机构着重研究它们的结构组成，运动与动力性能及尺寸设计等问题，对机器则着重研究它们变换或传递能量、物料和信息等方面的问题——这便是机构与机器的根本区别。

机器的主体部分是由机构组成的。一部机器可包含一个或若干个机构。例如：鼓风机、电动机只包含一个机构；而内燃机则包含曲柄滑块机构、凸轮机构、齿轮机构等多个机构。

（二）构件和零件

构件是指组成机构的各个相对运动的实物。零件是机构中不可拆分的制造单元。构件可以是单一的零件，如齿轮、凸轮和曲轴等，也可以是几个零件组成的刚性连接体，如内燃机的连杆由连杆体、连杆盖、轴瓦、螺栓、螺母以及开口销等多个零件组成。由此可知，构件是机构中的运动单元，而零件则是机构中的制造单元。

机械中普遍使用的机构称为常用机构，如平面连杆机构，凸轮机构、齿轮机构，间歇运动机构等。

机械中的零件可分为两类：一类称为通用零件，它在各种机械中普遍使用，如齿轮、螺栓、螺母、螺钉、轴、轴承、弹簧等；另一类称为专用零件，它只在特定的机械中使用，如内燃机的曲轴、连杆和活塞，汽轮机的叶片，起重机的吊钩等。

三、机械的组成和分类

（一）机械的组成

就功能而言，机械是由原动部分、传动部分、控制部分和执行部分组成的。

原动部分，是机械的动力源，机械依赖其驱动其他部分，如电动机、内燃机等。

传动部分，是将原动部分的运动和动力传递给执行部分的中间装置，常由凸轮机构、齿轮机构、带传动和链传动机构等组成。

控制部分，是控制机械的原动部分.执行部分和传动部分按一定的顺序和规律运动的装置，它包括各种控制机构、电气装置、计算机和液（气）压系统等。

执行部分，是直接完成机器预定功能的工作部分，如汽车的车轮、机床的主轴和刀架等。

（二）机械的分类

机械的种类繁多，应用广泛。按照机械主要用途的不同，可分为动力机械、加工机械、运输机械和信息机械等。

动力机械，是指用来实现机械能与其他形式能量之间转换的机械，如各类电动机、内燃机、发电机、水轮机、压缩机等。

加工机械，是指用来改变物料的状态、性质、结构和形状的机械，如金属切削机床、粉碎机、压力机、织布机、轧钢机、包装机等。

运输机械，是指用来改变人或物料空间位置的机械，如汽车、机车、缆车、轮船、飞机、电梯、起重机、输送机等。

信息机械，是指用来获取或处理各种信息，或者通过复杂的信息来控制机械运动的机械，如计算机、复印机、打印机、绘图机、传真机、数码相机、数码摄像机等。

四、机械设计的基本要求

当我们在讨论工程师科学家和数学家的区别时，不难发现，"工程"一词与"创新"和"发明"等有密切的关系。创造性设计是机械工程领域的核心，工程师的最终目的是生产出一种能解决社会某一技术问题的新机器。产品的开发无论是开始于一片空白或是有待于改进的产品，设计过程通常成为工程师所有工作的关键。设计直接影响着产品的质量、成本及研发时间。一项优良的设计可为人类社会带来巨大益处并将危害减小到最低程度；反之，一项劣质设计则会给人类带来巨大的甚至是毁灭性的灾难。在机械工程领域中，由于设计不当或错误而造成危害的案例比比皆是，如劣质家用电器、汽车刹车失灵等造成的伤亡事故，以及美国"挑战号"航天飞机因助推器接头设计不当使得O形密封圈失效而引起的爆炸事件，等等。据统计，50%的产品质量事故是由不良设计造成的，75%~80%的产品成本取决于设计。

机械设计的目的是满足社会生产和生活的需求。在机械设计中，无论是应用新技术、新方法，开发创造新机械，还是在原有机械的基础上重新设计或进行局部改造，以改变或提高原有的性能，其设计都必须认真思考和解决产品的性能、工艺、使用及经济性等诸多问题。机械设计应满足以下的基本要求。

（一）功能性要求

机械能够实现预定的使用功能，并在规定的工作条件下、工作期限内能够正常地运行，为此必须正确地选择机器的工作原理和机构的类型，并合理配置机械传动系统方案。这是机械设计的根本目的，也是选择、确定设计方案的依据。

（二）可靠性要求

可靠性是指机器在规定的工作条件下、工作期限内完成预定功能的能力。机器由许多零部件组成，从机器的设计角度讲，应尽量减少零部件的数目、选用标准件、合理设计机器中零部件的结构，使机器结构简单、加工容易、装拆方便。但应注意，追求100%的可靠度是不经济的，也是不合理的。

（三）经济性要求

经济性是一项综合性指标，要求设计和制造周期短、成本低，在使用上生产效率高，能源和材料消耗少，维护和管理费用低。在产品设计中，自始至终都应把产品设计、销售及制造三方面作为一个整体考虑。只有设计与市场信息密切配合，在市场、设计、生产中寻求最佳关系，才能以最快的速度回收投资，获得满意的经济效益。

（四）结构设计要求

机械设计的最终结果都是以一定的结构形式表现出来的，且各种计算都要以一定的结构为基础，所以，设计机械时往往要事先选定某种结构形式，再通过各种计算得出结构尺寸，将这些结构尺寸和确定的几何形状绘制成零件工作图，最后按设计工作图制造、装配成部件乃至整台机器，以满足机械的使用要求。

（五）安全和环保要求

安全包括操作人员的安全和机械本身的安全。机器的操作系统要简便、安全和可靠，要有利于减轻操作人员的劳动强度，要改善操作者及机器的环境，降低机器工作时的振动和噪声，并应设置各种安全保障措施及故障前的报警装置，设置污染物的回收和处置装置，尽可能减轻对环境的污染。

（六）工艺性及标准化，系列化、通用化要求

机械及其零部件应具有良好的工艺性，即零件制造方便、加工精度及表面粗糙度适当，易于装拆。设计时，零部件和机器参数应尽可能标准化，通用化、系列化，以提高设计质量、降低制造成本，使设计者可将主要精力放在关键零件的设计上。

（七）其他特殊要求

有些机械由于工作环境和要求的不同，对设计提出某些特殊要求，如高级轿车的变速箱齿轮有低噪声的要求，机床有长期保持精度的要求，食品、纺织机械有必须保持清洁、不得污染产品的要求等。

除此之外，欲使产品具有市场竞争力，机械设计师还应与工艺美术师密切配合，力求产品造型美观。机械设计的上述要求之间，有的一致，如安全性与可靠性；有的矛盾，如可靠性与经济性。技术人员在设计时应通过优化和权衡使机械的综合性能最佳。

五、机械设计的主要类型

按照创新与创造在设计中所占的比例，可将机械设计划分为以下几种类型。

（一）开发性设计（或称为原创设计）

如果要开发出目前还没有的、也很难得到可用于设计的信息的机械，亦即设计前并不知道机械的设计原理及方案，那么，在设计中就要根据设计要求，使用要求，约束条件等创造出机械的原理及结构，这样的设计称为开发性设计。开发性设计一般具有独创性，所开发出的机械具有新颖性。这样的机械通过申请可获得发明专利权，受到国家法律的保护。

（二）适应性设计（或称为再设计）

保持机械的主体原理方案及结构不变，而对其结构和性能进行更新设计，以获得比原机械更优良的性能和结构或一些附加功能的设计称为适应性设计。适应性设计往往只是对机械的局部进行变更设计，变更部分也可能是原创性的。应该说，有许多机械都是通过再设计而开发出来的，是以已有的、类似的设计为基础的。例如，机床由普通电气控制到数字控制，火车由蒸汽机车、内燃机车到电气机车、磁悬浮列车等。

（三）变参数设计

这种设计保持机械的功能、原理方案不变，只对其结构性能参数及布局进行调整、变更设计，以满足不同的使用要求。例如，同系列而不同规格的自行车，不同结构布局及参数的减速器等的设计均属于变参数设计。

（四）测绘和仿制

选定某先进机械，通过对其实物进行测绘，获得相关设计技术资料，再通过必要的技术处理（如标准化、工艺适应性调整等）后形成的设计称为测绘。仿制是指按照原机械的技术文件（如设计图样等），通过适当的工艺，直接按照原图样进行生产。

第二节　机械设计过程

机械设计是一个创造性的工作过程，必须有科学的设计步骤和程序。在最初阶段，公司市场部通常会与工程师和经理们合作确定产品的新需求，通过借鉴从潜在用户和相关产品使用者处获得的反馈信息，共同定义新产品的概念。然后，设计者完善这些概念，制订出细部设计，将功能性产品变为现实。在全部设计概念成形前，工程师没必要去解决特定的细节（如是用1020还是1045等级的合金钢，球轴承还是滚子轴承合适，油的黏度是多少等）。毕竟，在早期设计阶段，产品的尺寸、质量、功率或者性能等技术指标还会改变。设计工程师也习惯于这种模糊性，他们能够在需求和约束发生变化的情况下开发产品。

一个市场概念要经过基于许多原则和特性的规范过程才能演变成一部制造好的机器。许多工程师认为，创造性、简洁性和重复性是任何成功的产品开发的关键因素。创新来源于一个好的构思，但也意味着来自于一片空白。然而，工程师仍需要采取也许并不确定的第一步将所形成的构思转化为具体现实，并且往往根据不同的来源做出早期的设计决定，如个人经验、数学和科学知识、实验室和现场实验、准确判断引导下的试验和错误等。一般来说，简单的设计概念要优于复杂的。重复性对于改进设计和优化机器使之工作得更好也很重要。第一个构思正如制造出的第一台样机，不可能是能够实现目的的最佳者。不过随着每一次重复性的逐步改进，设计会更好、更有效和更完美。从宏观的角度看，机械设计过程可分为产品规划、方案设计、技术设计和施工设计等4个阶段。

一、产品规划

在这第一个阶段，根据生产或生活的需要提出所要设计的产品，在充分的调查研究和分析的基础上，明确提出新产品的功能、质量、强度、成本、安全和可靠性等要求，同时要建立设计时应满足的约束条件，最后制订出详细的设计任务书（或要求表）作为设计，评价和决策的依据。约束条件可能是技术性的，即尺寸或功耗约束等，也可能与商务或市场的关注点，如产品的外观、成本或便于使用等有关。在面临一种新技术挑战时，工程师将开展研究并收集对后续的概念设计和细节评价有用的背景资料。他们查找已经颁布的相关技术专利，与可能应用于产品的零部件和子系统的销售商进行协商，参加博览会和展销会，与潜在用户见面以便更好地了解应用情况。在设计的早期阶段，工程师应明确问题、建立模型、收集有关资料，为良好的设计奠定基础。

二、方案设计

方案设计也称概念设计，实质上是产品功能原理的设计。这个阶段对设计的成败起关键的作用。根据设计任务书，通过对产品的功能分析和综合，建立功能结构，并通过寻求产品的工作原理将功能结构转化为具体的作用结构，给出系统的原理解，对产品的执行系统、原动系统、传动系统和测控系统等做出方案性设计，将有关机械机构、液压线路或电控线路用简图加以表达。

原理方案设计通常采用系统化设计法，其具体方法是功能分析法：将系统总功能分解为分功能——功能元，通过具体方法求得各分功能的多个可能解，组合功能元的解以得到多种系统的原理方案，在此基础上通过评价求得较为理想的最佳原理方案。

原理方案设计要十分注意新原理、新技术的应用，这样，往往能使产品有突破性的变化。如采用石英振荡技术代替机械摆的石英表，不仅定时准确而且价格低廉，一经推出，即迅速占领钟表市场。在这一阶段可能会存在多种功能系统的组合方案，这时应通过评价筛选出最佳方案。但是一个方案的优劣常常要到一轮设计完成后才能确定，所以即使通过评价原理方案选出的方案，在随后的设计中还必须继续对其"优化性"做跟踪考评。也许在早期阶段，某一特定的方案看起来并不可行，但如果将来产品的要求或者约束条件发生改变（这是常常发生的），这个方案实际上很有可能会重新成为具有较强的竞争力的可行方案。

三、技术设计

在这个阶段，根据原理方案进行机器及零部件的具体结构化设计，选择材料、拟定零件的形状和尺寸，确定具体参数等，并进行各种必要的性能计算，校核强度、安全性、成本和可靠性，最后画出部件的装配草图，形成完整的计算资料。为了提高产品的竞争力，还需应用先进的设计理论和方法提高产品的价值（改善性能、降低成本），进行产品的系列设计，如考虑人机工程原理提高产品的宜人性、利用工业美学原则对产品进行更好的外观设计等，使产品既实用又适应市场的需要。在这个阶段也可以生产出样机，正如一张图片胜过千言万语，一台物理样机往往有助于弄清复杂的机器零部件以及它们之间的装配关系。通过样机测试并根据测试和分析的结果确定折中方案。零部件生产的一种方法是快速成形技术，其关键功能是能够直接利用计算机生成的图样进行复杂三维零部件的制造，通常在数小时内就能完成。其中的一种技术是熔融沉积成形技术，它能利用塑料和聚合碳酸酯制造耐用的、功能齐全的样机。

四、施工设计

这个阶段的目的是形成最终的制造信息，进行零件工作图和部件装配图的细节设计，对每一个零件提供详细的形状、尺寸、公差、表面质量，材料和热处理、表面处理等信息，完成全部生产图样并编制设计说明书、工艺卡、使用说明书等技术文件。

计算机的应用大大提高了机械设计速度。目前，可通过计算机辅助设计进行方案设计，技术设计并绘制图形，或者直接输出信号，进行产品的数控切削加工或成形加工。但无论采用什么设计方法和手段，合理掌握设计过程，抓住每个设计阶段的特点和重点，有利于调动设计人员的创新精神，提高产品的设计质量。

第三节 现代设计方法

一、设计发展的基本阶段

为了便于了解现代设计与传统设计的区别，首先简单回顾一下人类从事设计活动发展的几个基本阶段。从人类生产的进步过程来看，整个设计进程大致经历了如下4个阶段。

（一）直觉设计阶段

古代的设计是一种直觉设计。当时人们或是从自然现象中直接得到启示，或是全凭人的直观感觉来设计、制作工具。设计方案存在于手工艺人头脑之中，无法记录表达，产品也是比较简单的。直觉设计阶段在人类历史中经历了一个很长的时期，17世纪以前基本都属于这一阶段。

（二）经验设计阶段

随着生产的发展，单个手工艺人的经验或其头脑中的构思已很难满足这些要求。于是，手工艺人联合起来、互相协作，一部分经验丰富的手工艺人将自己的经验或构思用图样表达出来，然后根据图样组织生产。图样的出现，既可使具有丰富经验的手工艺人通过图样将其经验或构思记录下来、传于他人，也便于用图样对产品进行分析、改进和提高，推动设计工作向前发展，还可使更多的人同时参加同一产品的生产活动，满足社会对产品的需求及提高生产率的要求。因此，利用图样进行设计，使人类设计活动由直觉设计阶段进步到经验设计阶段。

（三）半经验半理论设计阶段

由于科学和技术的发展与进步，设计的基础理论研究和实验研究得到加强，随着理论研究的深入、试验数据及设计经验的积累，已形成了一套半经验半理论的设计方法。这种方法以理论计算和长期设计实践而形成的经验、公式，图表、设计手册等作为设计的依据，通过经验公式，近似系数或类比等方法进行设计，也称为传统设计。所谓"传统"是指这套设计方法已沿用了很长时间，直到现在仍被广泛地采用着。传统设计又称常规设计。

（四）现代设计阶段

近年来，科学和技术迅速发展，人们对客观世界的认识不断深入，设计工作所需的理论基础和手段有了很大进步，特别是电子计算机技术的发展及应用，使设计工作产生了革命性的变革，为设计工作提供了实现设计自动化和精密计算的条件。例如CAD技术能得出所需要的设计计算结果、生产图样和数字化模型，一体化的CAD/CAM技术更可直接输出加工零件的数控代码程序，直接加工出所需要的零件，从而使人类设计工作步入现代设计阶段。此外，步入现代设计阶段的另一个特点是：对产品的设计已不仅考虑产品本身，并且还要考虑对系统和环境的影响；不仅要考虑技术领域，还要考虑经济、社会效益；不仅考虑当前，还需考虑长远发展。例如，汽车设计不仅要考虑汽车本身的有关技术问题，还需考虑使用者的安全，舒适、操作方便等，以及汽车的燃料供应和污染、车辆存放、道路发展等问题。

二、传统设计与现代设计

现代设计方法实质上是科学方法论在设计中的应用，目前，它已被广泛地应用到机械设计中，因此，我们有必要了解现代设计方法，同时了解它与传统设计方法的区别。实际上，现代设计方法和传统设计方法很难有一个明确的界限。一般来说，传统设计方法以生产经验为基础，以应用力学和数学的一些公式，以及图表和手册等为依据，着眼于产品的功能和技术规范，按照各种产品的设计经验总结出有关的设计理论、步骤、方法等来开展设计活动。

（一）传统的设计方法的特点

第一，用人工试凑法求得设计对象的各种结构尺寸和性能参数，其中经验类比法设计占很大比重，思维带有很大的被动性。

第二，以静态为假设条件，进行定性目标和某些定量的设计。

第三，设计者和制造者往往采取串行工作方式，独立工作，分别活动。

第四，以经验、试凑、静态、定性为核心，设计周期长，效率低、质量差、费用高，具有很大的盲目性和随意性，产品缺乏竞争力。

随着人类社会的发展与进步，人类从事设计活动的认知水平不断得到提高，并且计算机的出现又为人类进行高级、复杂的设计活动提供了有利的技术支持。同时，我们所处的时代不断地发生深刻的变革，人类对产品物美价廉、更新快、质量优的需求更为迫切，对设计方法和技术也提出了更严格、更苛刻的要求。所以，应鼓励和激发设计师的创造性和创新性，多学科相互交叉、渗透和融合，引入计算机、网络等高科技设计工具和手段。在这样的情况下，现代设计理论和方法应运而生。现代设计方法以理论为指导，以计算机和网络为手段，以分析、优化、动态、定量和综合为核心，设计过程自动化，设计的效率、水平以及设计过程中的主动性、科学性和准确性大大提高。

（二）现代设计方法的特点

第一，突出设计的创造性和创新性。

第二，设计过程从基于经验转变为基于设计科学，更趋于科学化和程式化。

第三，将设计对象置于"人–机–环境"大系统中，处理问题时具有系统性和综合性。

第四，最大限度运用计算机和网络技术，采用并行设计技术，以获得整体最优的设计结果。传统设计方法是人们长期设计实践经验的积累，虽具有很大的局限性，但随着时代的发展，它被注入了新的内容和活力，是现代设计不可缺少的基础。现代设计方法是传统设计方法的深入、发展、丰富和完善，并非独立于传统设计方法。

三、现代设计方法简介

现代设计方法所涉及的研究领域和内容比较广泛，融合了信息技术、计算机技术、知识工程和管理工程等领域的知识，是设计领域中发展起来的一门新兴的多元交叉学科。目前，在工程实践中已得到运用的现代设计方法主要有优化设计、可靠性设计、模糊设计、有限元法、抗疲劳设计、摩擦设计、抗腐蚀设计、稳健设计、模块化设计、三次设计、人机工程、反求设计、边界元法、计算机辅助设计、价值工程、系统工程、技术经济分析等。近年来新兴起的设计方法主要有并行设计、虚拟设计、绿色设计、创新设计、智能设计、概念设计、数字化设计、网络化设计、全生命周期设计、机电一体化设计等。

（一）计算机辅助设计

计算机辅助设计（computer aided design，CAD）是指在设计活动中利用计算机作为工具，帮助工程技术人员进行设计的一切适用技术的总和。

计算机辅助设计是人和计算机相结合、各取所长的新型设计方法。在设计过程中，人可以进行创造性的思维活动，完成设计方案构思、工作原理拟定等，并将设计思想、设计方法经过综合、分析，转换成计算机可以处理的数学模型和解析这些模型的程序。在程序运行过程中，人可以评价设计结果、控制设计过程，计算机则可以发挥其分析计算和存储信息的能力，完成信息管理、绘图、模拟、优化和其他数值分析任务。一个好的计算机辅助设计系统，既能充分发挥人的创造性作用，又能充分利用计算机的高速分析计算能力，找到人和计算机的最佳结合点。

在计算机辅助设计工作中，计算机的任务是进行大量的信息加工、数据管理和资源交换，也就是在设计人员的初步构思、判断、决策的基础上，由计算机对数据库中的大量设计资料进行检索，根据设计要求进行计算、分析及优化，将初步设计结果显示在图形显示器上，以人机交互方式反复加以修改，经设计人员确认之后，在自动绘图机及打印机上输出设计结果。在CAD作业过程中，逻辑判断、科学计算和创造性思维是反复交叉进行的。一个完整的CAD系统，应在设计过程中的各个阶段都能发挥作用。

计算机辅助设计系统由硬件和软件组成。CAD系统的硬件配置与通用计算机系统有所不同，其主要差异在于CAD系统硬件配置中具有较强的人机交互设备及图形输入、输出装置，为CAD系统作业提供良好的硬件环境。

CAD系统除必要的硬件设备外，还必须配备相应的软件。如无软件的支持，硬件设备便不能发挥作用。软件水平，质量的优势是决定CAD系统效率高低、使用是否方便的关键因素。CAD系统的软件主要包括操作系统、应用程序，数值分析程序库，图形软件和数据库管理系统等。

与传统的机械设计相比，无论在提高效率、改善设计质量方面，还是在降低成本、减轻劳动强度方面，CAD技术都有着巨大的优越性：

第一，CAD可以提高设计质量。计算机系统内存储了各种有关专业的综合性技术知识，为产品设计提供了科学的基础。计算机与人交互作用，有利于发挥人机各自的特长，使产品设计更加合理化。CAD采用的优化设计方法有助于某些工艺参数和产品结构的优化。另外，由于不同部门可利用同一数据库中的信息，保证了数据的一致性。

第二，CAD可以节省时间，提高效率。设计计算和图样绘制的自动化大大缩短了设计时间。CAD和CAM的一体化可显著缩短从设计到制造的周期，与传统的设计方法相比，其设计效率可提高3~5倍。

第三，CAD可以较大幅度地降低成本。计算机的高速运算和绘图机的自动工作大大节省了劳动力。同时，优化设计带来了原材料的节省。CAD的经济效益有些可以估算，有些则难以估算。由于采用CAD/CAM技术，生产准备时间缩短，产品更新换代加快，大大增强了产品在市场中的竞争能力。

第四，CAD技术将设计人员从烦琐的计算和绘图工作中解放出来，使其可以从事更多的创造性劳动。在产品设计中，绘图工作量约占全部工作量的60%，在CAD过程中，这一部分的工作由计算机完成，产生的效益十分显著。

CAD系统集成化是当前CAD技术发展的一个重要方面，集成化的形式之一是将CAD和CAM（computer aid manufacturing）集成为一个CAD/CAM系统。在这种系统中，设计师可利用计算机，经过运动分析、动力分析、应力分析，确定零部件的合理结构形状，自动生成工程图样文件并存放在数据库中，再由CAD和CAM系统对数据库中的图形数据文件进行工艺设计及数控加工编程，并直接控制数控机床去加工制造。CAD和CAM进一步集成是将CAD、CAM、CAT集成为CAE计算机辅助工程系统，使设计、制造，测试工作一体化。

（二）优化设计

优化设计亦称最优化设计，简要地讲，优化设计就是以数学规划理论为基础、以计算机为工具、优选设计参数的一种现代设计方法。机械优化设计就是在给定的载荷或环境条件下，在机械产品的形态、几何尺寸关系或其他因素的限制（约束）范围内，以机械系统的功能、强度和经济性等为优化对象，选取设计变量，建立目标函数和约束条件，并使目标函数获得最优值的一种现代设计方法。

对机械工程来说，优化使机械设计的改进和优选速度大大提高，例如为提高机构性能的参数优化，为减小质量或降低成本的机械结构优化，各种传动系统的参数优化和发动机机械系统的隔振和减振优化等。优化技术不仅用于产品成形以后的再优化设计过程中，而且已经渗透到产品的开发设计过程中。同时，它与可靠性设计、模糊设计、有限元法等其他设计方法有机结合，取得了新的效果。

优化设计一般包括以下两部分内容。

1.建立数学模型

即将设计问题的物理模型转换为数学模型。建立数学模型包括选取适当的设计变量，建立优化问题的目标函数和约束条件。目标函数是设计问题所要求的最优指标与设计变量之间的函数关系式，约束条件反映的是设计变量取值范围和相互之间的关系。

建立数学模型是最优化过程中非常重要的一步，数学模型直接影响设计效果。对于复杂的问题，建立数学模型往往会遇到很多困难，有时甚至比求解更为复杂。这时要抓住关键因素，适当忽略不重要的成分，使问题合理简化，以易于列出数学模型。此外，对于复杂的最优化问题，可建立不同的数学模型，这样在求最优解时的难易程度也就不一样。有时，在建立一个数学模型后由于不能求得最优解而必须改变数学模型的形式。由此可见，在最优化设计工作中开展对数学模型的理论研究十分重要。

2.采用适当的最优化方法，求解数学模型

这可归结为在给定的条件（例如约束条件）下求目标函数的极值或最优值问题。机械优化设计常用的优化设计方法有随机方向法、复合形法、惩罚函数法、遗传算法、模拟退火算法、序列二次规划法等。

（三）可靠性设计

可靠性是产品的一种属性，是指产品在规定的条件下、规定的时间内完成规定的功能的能力。可靠性设计是以概率论和数理统计的理论为基础，为了保证所设计的产品可靠而采用的一系列分析与设计技术。它的任务是在预测和预防产品所有可能发生的故障的基础上，使所设计的产品达到规定的可靠性目标值。可靠性设计包括产品的固有可靠性设计、维修性设计、冗余设计、可靠性预测与使用可靠性设计等。表示产品可靠性设计的指标较多，但归纳起来主要有如下几种：可靠度、期望寿命、故障率、维修度、可利用度等。可靠性设计是传统设计方法的一种重要补充和完善。

传统的机械设计与机械可靠性设计有其相同之处，它们都是以零件或机械系统的安全与失效作为其主要研究内容。

传统的机械设计采用确定的许用应力法和安全系数法研究、设计机械零件和简单的机械系统，这是广大工程技术人员很熟悉的设计方法。机械可靠性设计又称机械概率设计，是以非确定性的随机方法来研究、设计机械零件和机械系统的可靠性。它们共同的核心内容，都是针对所研究对象的失效与防失效问题建立起一整套的设计计算理论和方法。在机械设计中，不论是传统设计或概率设计，判断一个零件是否安全，都要将引起失效的一方（如零件中的载荷、应力或变形等）与抵抗失效能力的一方（如零件的许用载荷、许用应力或许用变形等）加以对比来进行判断。

传统设计停留在确定性的概念上，没有考虑事物的不确定性质，因而不能真正反映客观实际情况。计算中只要安全系数大于某一经验值，就认为是安全的，但安全系数与一系列无法定量表示的因素有关，实际上仍是一个未知系数，因此，这种计算有较大的经验性和盲目性。为了追求安全，传统设计中有时则盲目取用优质材料或加大零件尺寸，造成浪费。而可靠性设计考虑到工程中发生的现象及其表征参数的不确定性（随机性），这是符合客观实际的。从传统的设计准则式变换到可靠性设计准则式，这是设计理论的发展、设计概念的深化。可靠性设计以随机方法（概率论和数理统计）分析研究系统和零件在运行状态下的随机规律和可靠性，不仅能揭示事物的本来面貌，而且能全面地提供设计信息，这是传统设计无法做到的。实践表明，可靠性设计比传统设计更能有效地处理设计中的一些问题，带来更大的经济效益。

我国可靠性设计的数据还比较缺乏，而它的积累又是一项长期且投入较大的工作。但是可靠性设计是在传统设计基础上补充了可靠性技术的设计，是处在传统设计延长线上的一种新型设计方法。当前，设计人员应该将传统的机械设计和机械可靠性设计有机地结合起来，以丰富和发展设计理论，提高产品的设计水平。

（四）有限元法

有限元法是以计算机为工具的一种现代数值计算方法。目前，该方法不仅能用于工程中复杂的非线性问题（如结构力学、流体力学、热传导、电磁场等）的求解，而且还可用于工程设计中复杂结构的静态和动态分析，并能精确地计算形状复杂的零件的应力分布和变形，成为复杂零件强度和刚度计算的有力分析工具。

有限元法的基本思想是把要分析的连续体假想地分割成有限个单元所组成的组合体（简称离散化），这些单元仅在顶角处相互连接，这些连接点称为节点。离散化的组合体和真实弹性体的区别在于：组合体中单元与单元之间的连接除了节点之外再无任何关联。但是这种连接要满足变形协调条件，既不能出现裂缝，也不允许发生重叠。显然，单元之间只能通过节点来传递内力。通过节点来传递的内力称为节点力，作用在节点上的载荷称为节点载荷。当连续体受到外力作用发生变形时，组成它的各个单元也将发生变形，因而各个节点要产生不同程度的位移，这种位移称为节点位移。在有限元中，常以节点位移作为基本未知量，并对每个单元根据分块近似的规定，假设一个简单的函数近似地表示单元内位移的分布规律，再利用力学理论中的变分原理或其他方法，建立节点力与节点位移之间的力学特性关系，得到一组以节点位移为未知量的代数方程，从而求解节点的位移分量。然后利用插值函数确定单元集合体上的场函数。显然，如果单元满足问题的收敛性要求，那么，随着缩小单元的尺寸，增加求解区域内单元的数目，解的近似程度将不断改进，近似解最终将收敛于精确解。

用有限元法求解问题的计算步骤比较多，最主要的计算步骤如下所述。

1.连续体离散化

首先，应根据连续体的形状选择最能圆满地描述连续体形状的单元，常见的单元有杆单元、梁单元、三角形单元、矩形单元、四边形单元、曲边四边形单元、四面体单元、六面体单元以及曲面六面体单元等；然后，进行单元划分，再将全部单元和节点按一定顺序编号，每个单元所受的载荷均按静力等效原理移植到节点上，并在位移受约束的节点上根据实际情况设置约束条件。

2.单元分析

所谓单元分析，就是建立各个单元的节点位移和节点力之间的关系式。

3.整体分析

整体分析是对各个单元组成的整体进行分析。其目的是建立一个线性方程组，来揭示节点外载荷与节点位移的关系，从而求解节点位移。

用有限元法不仅可以求结构体的位移和应力，还可以对结构体进行稳定性分析和动力学分析，求出结构的自激振动频率、振型等动力响应，以及动变形和动应力等。此外，在大型结构（如飞机、桥梁等）分析中，普遍采用了结构法、p型或h型有限元模型以及边界元法，从而提高了计算速度，降低了计算工作量。

近些年来，有限元法的应用得到蓬勃发展，国际上开发了功能完善的有限元法分析软件，如ANSYS、ABAQUS、ASKA、NASTRAN、ADINA等。这些软件带有功能强大的前处理（如自动生成单元网格、形成输入数据文件等）和后处理（如显示计算结果、绘制变形图、等直线图、振型图并可动态显示结构的动力响应等）程序。由于有限元通用程序使用方便，计算精度高，其计算结果已成为各类机电产品设计和性能分析的可靠依据。

（五）虚拟设计

虚拟现实是近年来发展起来的一门新技术。它采用计算机技术和多媒体技术，营造一个逼真的、具有视听触等多种感知的人工虚拟环境，使置身于该环境的人可以通过各种多媒体传感交互设备与这一虚构的环境进行实时交互作用，产生身临其境的感觉。这种虚拟环境可以是对真实世界的模拟，也可以是虚构中的世界。虚拟现实技术在机械制造领域有着广泛的应用，如虚拟设计、虚拟制造等。

如果把设计理解为在实物原型出现之前的产品开发过程，虚拟设计的基本构思则是用计算机来虚拟完成整个产品开发过程。设计者在调查研究的基础上，通过计算机建立产品的数字模型，用数字化形式来代替传统的实物原型进行产品的静态和动态性能分析，再对原设计进行集成改进。由于在虚拟开发环境中的产品实际上只是数字模型，设计者可对它随时进行观察、分析、修改及更新，同时对新产品的形象、结构、可制造性、可装配性、易维护性、运行适应性、易销售性诸方面的分析都能相互配合地进行。虚拟设计可以使一个企业的各部门甚至是全球化合作的几个企业中的工作者同时在同一个产品模型中工作和获取信息，也可并行连续工作，以减少互相等待的时间，避免或减少在传统产品设计过程中反复制作并修改原型、反复对原型进行手工分析与试验等工作所投入的时间和费用。虚拟设计使人们能够在设计过程中及时发现和解决问题，按照规划的时间、成本和质量要求将新产品推向市场，并继续对顾客的需求变化做出快速灵活的响应。

新产品的数字原型经反复修改确认后，即可开始虚拟制造。虚拟制造或称数字化制造的基本构思是在计算机上验证产品的制造过程。设计者在计算机上建立制造过程和设备模型，与产品的数字原型结合，对制造过程进行全面的仿真分析，优化产品的制造过程、工艺参数、设备性能、车间布局等。虚拟制造可以预测制造过程中可能出现的问题，提高产品的可制造性和可装配性，优化制造工艺过程及其设备的运行工况及整个制造过程的计划调度，使产品及其制造过程更加合理和经济。虚拟工艺过程和设备是各种单项工艺过程和设备运行的模拟与仿真，如虚拟加工中心可完整地实现设备的运动、工件的处理等过程的可视化。虚拟制造系统是运用商品化软件在模型库中选择各种设备和工具、工作单元、传送装置、立体仓库、自动小车和操作人员等模型，通过三维图形仿真，及时发现生产中可能出现的问题，对制造系统的布局方案、批量控制、运行统计分析等进行评价比较。产品的数字化模型通过虚拟制造之后，还应把产品全寿命周期中的运行环境、运行状态、销售、服务，直到产品报废再生都通过虚拟技术在计算机模拟运行中发现问题并予以解决，再通过敏捷制造和快速成形技术制作实物，使新产品开发快速完成。

（六）反求工程

技术引进是促进民族经济高速增长的战略措施。要取得最佳技术和经济效益，必须对引进技术进行深入研究、消化和创新，开发出先进产品，形成自己的技术体系。

反求工程是针对消化吸收先进技术的一系列工作方法和应用技术的组合，包括设计反求、工艺反求、管理反求等各个方面。它以先进产品的实物、软件（如图样、程序、技术文件等）或影像（如图像、照片等）作为研究对象，应用现代设计的理论方法和生产工程学、材料学等有关专业知识，进行系统的分析研究，掌握其关键技术，进而开发出同类产品。

反求工程首先进行反求分析，针对反求对象的不同形式——实物、软件或影像，采用不同的方法。实物（如机器设备）的反求，可用实测手段获得所需参数和性能、材料、尺寸等。软件（如图样）的反求，可直接分析了解产品和各部件的尺寸、结构和材料，但掌握使用性能和工艺，则要通过试制和试验。影像的反求，可用透视法与解析法求出主要尺寸间的大小相对关系，用机器与人或已知参照物对比，求出几个绝对尺寸，推算其他尺寸。材料和工艺等的反求，都需通过试制和试验才能解决。在以上充分分析的基础上，才能进行不同的反求设计。

反求对象分析包括以下方面。

1.反求对象的设计指导思想、功能原理方案分析

要分析一个产品，首先要从产品的设计指导思想分析入手。产品的设计指导思想决定了产品的设计方案，深入分析并掌握产品的设计指导思想是分析了解整个产品设计的前提。同样，充分了解反求对象的功能，有助于对产品原理方案的分析、理解和掌握，从而有可能在进行反求设计时得到基于原产品而又高于原产品的原理方案，这正是反求工程技术的精髓所在。

2.反求对象的材料分析

它包括材料成分分析、材料组织结构分析和材料性能检测几部分。常用的材料成分分析方法有钢种的火花鉴别法、钢种听音鉴别法、原子发射光谱分析法、红外光谱分析法和化学分析微探针分析技术等。材料的组织结构分析主要是分析研究材料的组织结构、晶体缺陷及相互间的位相关系，可分为宏观组织分析和微观组织分析。材料性能检测主要是检测其力学性能和磁、电、声、光、热等物理性能。

3.反求对象的工艺、装配分析

反求设计和反求工艺相互联系，缺一不可。在缺乏制造原型产品的先进设备

与先进工艺方法以及未掌握某些技术诀窍的情况下，对反求对象进行工艺、装配分析是非常关键的一环。

4.反求对象的精度分析

产品的精度直接影响到产品的性能，对反求分析的产品进行精度分析，是反求分析的重要组成部分。反求对象的精度分析包括反求对象形体尺寸的确定、精度的分配等内容。

5.反求对象的造型分析

产品造型设计是产品设计与艺术设计相结合的综合性技术，其主要的目的是运用工业美学、产品造型原理、人机工程学原理等对产品的外观构型、色彩设计等进行分析，以提高产品的外观质量和舒适度。

6.反求对象的系列化，模块化分析

分析反求对象时，要做到思路开阔，要考虑所引进的产品是否已经系列化、是否为系列型谱中的一个、在系列型谱中是否具有代表性、产品的模块化程度如何等具体问题，以便在设计制造时提高质量、降低成本、少走弯路，生产出多品种、多规格、通用化较强的产品，提高产品的市场竞争力。

（七）绿色设计

绿色设计也称为生态设计、面向环境的设计、生命周期设计或环境意识设计等，是指借助产品生命周期中与产品相关的各类信息（如技术信息、环境协调性信息、经济信息等），利用并行设计等各种先进的设计理论，使设计出的产品具有先进的技术性、良好的环境协调性以及合理的经济性的一种系统设计方法。

绿色设计与常规设计的根本区别在于：要求设计人员在设计构思阶段就把降低能耗、易于拆卸、可再生利用和保护生态环境与保证产品性能、质量、寿命、成本的要求列为同等重要的设计目标，并保证在生产过程中能够顺利实施。绿色设计的主要内容包括：材料选择与管理、制造工艺性设计、装配工艺性设计、拆卸工艺性设计、回收工艺及方法设计、产品包装设计，绿色设计成本分析、绿色设计数据库、生命周期评估等。

绿色设计方法在涉及的知识领域、设计方法及设计过程与常规设计相比均要复杂。绿色设计方法是一种集突变论、信息论、离散论，模糊论、系统论、智能论、控制论、优化论、对应论、功能论和艺术论于一身的现代设计方法，是理性的设计方法。典型的绿色设计方法主要有生命周期设计方法、并行工程设计方法、模块化设计方法和长寿命设计方法等。

绿色设计理论集中在解决机（产品）与环境（自然环境）的关系，主要从绿色技术方面来解决产品对环境的影响。绿色设计的关键技术有面向材料的设计技术、面向环境的设计技术和面向资源的设计技术等。

绿色设计建立在生态文化的基础上，是工业设计的高级阶段，它能真正地解决"人–机（产品）–环境"的协调发展。因此，研究绿色设计并将其应用于实践，对人类的可持续发展有重要的意义。绿色设计的研究领域主要集中在能源和资源的合理利用，废旧产品的拆卸和回收利用，安全健康、环境保护及污染治理等3方面。

（八）价值工程

价值工程是以功能分析为核心，以开发创造性为基础，以科学分析为工具，寻求功能与成本的最佳比例，以获得最优价值的一种设计方法或管理科学。

第二次世界大战以后，美国开展了价值分析和价值工程的研究。美国人麦尔斯通过研究，发现了隐藏在产品背后的本质——功能。顾客需要的不是产品的本身，而是产品的功能。不仅如此，顾客还要比较功能的优劣——性能。在激烈的竞争中，只有功能全、性能好、成本低的产品才具有优势。例如，当购买汽车时，顾客考虑的不仅是售价和可以运物的一般功能，往往更关心它每公里的耗油量、速度、乘坐舒适性、安全性、噪声大小、零部件可靠性和维修性等性能。只有对功能、性能和成本进行综合分析，才能合理判断汽车的实用价值，也就是说，价值是产品功能与成本的综合反映。

功能可解释为功用、作用、效能、用途、目的等。一件产品的功能就是产品的用途、产品所担负的职能或所起的作用。功能所回答的是"它的作用或用途是什么"的问题。价值工程中，功能含义很广，对产品来说是指有何效用。功能本身必须表达它的有用性，没有用的东西就没有什么价值，更谈不上价值分析了。人们在市场上购买商品的目的是购买它的功能，而非产品本身的结构。例如人们买彩电，是因为彩电有"收看彩色电视节目"的功能，而不是买它的集成元件、显像管等元器件。功能是各种事物所共有的属性。价值工程要求自始至终都围绕用户要求的功能，对事物进行本质的思考。

功能又包含基本功能和辅助功能、使用功能和美观功能、必要功能和不必要功能等。价值工程中的"成本",是指实现功能所支付的全部费用。从产品来说,是以功能为对象而进行的成本核算。一个产品往往包含许多零部件的功能,而各功能又不尽相同,这就需要把零部件的成本变成功能成本,这与一般财会工作中的成本核算有较大差别。财会计算成本是以零部件数量乘以成本单价得到一个零部件的成本,然后把各种零部件成本相加求得总成本。而价值工程中的功能成本,是把每一个零部件按不同功能的重要程度分组后计算。价值分析中的成本"大小"是根据所研究的功能对象确定的。

价值工程中的"价值"的含义,有别于《政治经济学》中所说的价值(凝结在商品中的一般的、无差别的社会必要劳动),也有别于统计学中的用货币表示的价值。它更接近人们日常生活常用的"合算不合算""值得不值得"的意思,是指事物的有益程度。价值工程中价值的概念是个科学的概念,它正确反映了功能和成本的关系,为分析与评价产品的价值提供了一个科学的标准。树立这样一种价值观念就能在企业的生产经营中正确处理质量和成本的关系,生产适销对路的产品,不断提高产品的价值,使企业和消费者都获得好处。

由此可见,所谓价值就是某一功能与实现这一功能所需成本之间的比例。为了提高产品的实用价值,可以采用或增加产品的功能,或降低产品的成本,或既增加产品的功能又同时降低成本等多种多样的途径。总之,提高产品的价值就是用低成本实现产品的功能,因而产品的设计问题就变为用最低成本向用户提供必要功能的问题。

开展价值分析、价值工程的研究可以取得巨大的经济效益。价值工程是以功能分析为核心,以开发创造性为基础,以科学分析为工具,寻求功能与成本的最佳比例,以获得最优价值的一种设计方法或管理科学。价值工程等设计方法都是手段,而价值优化是设计中自始至终应贯彻的指导思想和争取的目标。

提高产品的价值可以从以下3个方面着手。

1.功能分析

从用户需要出发保证产品的必要功能,去除多余功能,调整过剩功能,增加必要功能。

2.性能分析

研究一定功能下提高产品性能的措施。

3.成本分析

分析成本的构成，从各方面探求降低成本的途径。

（九）工业造型设计

工业产品艺术造型设计简称工业造型设计，是指用艺术手段按照美学法则对工业产品进行造型工作，使产品在保证使用功能的前提下，具有美的、富于表现力的审美特性。

创造具有实用功能的造型，不仅要求以其形象所具有的功能适应人们工作的需要，而且要求以其形象表现的式样、形态、风格、气氛给人以美的感觉和艺术的享受，起到美化生产和生活环境、满足人们审美要求的作用，因而成为具有精神和物质两种功能的造型。

工业造型设计是以不断变化的人的需求为起点，以积极的势态探求改变人的生存方式的设计，所以，工业造型设计不是单纯的美术设计，更不是纯粹的造型艺术、美的艺术。它是科学、技术、艺术、经济融合的产物，是从实用和美的综合观点出发，在科学技术、社会、经济、文化、艺术、资源、价值观等的约束下，通过市场交流而为人服务的。

1.工业造型设计的特征

（1）实用性特征：体现使用功能的目的性、先进性与可靠性及宜人性。

（2）科学性特征：体现先进加工手段的工艺美，反映大工业自动化生产及科学性的精确美，标志力学、材料学、机构学新成就的结构美，在不牺牲使用者和生产者利益的前提下，努力降低产品成本，创造最高的附加值。

（3）艺术性特征：应用美学法则创造具有形体美、色彩美、材料美和符合时代审美观念的新颖产品，体现人、产品与环境的整体和谐美。

造型设计的三要素中：使用功能是产品造型的出发点和产品赖以生存的主要因素；艺术形象是产品造型的主要成果；物质技术条件是产品功能和外观质量的物质基础。

2.机电产品造型设计的内容

（1）机电产品的人机工程设计（或称宜人性设计）。产品与人的生理、心理因素相适应，以求人-机（产品）-环境的协调与最佳搭配，使人们在生活与工作中达到安全、舒适和高效的目的。

（2）产品的形态设计。产品的形态构成符合美学法则，通过正确的选材及采用相应的加工工艺，形成优良的表面质量与质感机理，获得能给人以美的感受的产品款式。

（3）产品的色彩设计。综合本产品的各种因素，制定一个合适的色彩配置方案，这是完美造型效果的另一基本要素。

（4）产品标志、铭牌、字体等设计。以形象鲜明、突出、醒目的标志，给人以美好、强烈、深刻的印象。

（十）模块化设计

模块是一组同时具有相同功能和结合要素而具有不同性能或用途，甚至具有不同结构特征但能互换的单元。产品模块化的思想是将某一产品（实体产品或概念产品）按一定的规则分解为不同的、有利于产品设计制造及装配的许多模块，而后按照模块来组织产品和生产。在对产品进行市场预测、功能分析的基础上，划分并设计出一系列通用的功能模块，根据用户的要求对这些模块进行选择和组合，以构成不同功能或功能相同但性能不同、规格不同的产品，这种设计方法称为模块化设计。

模块化设计基于模块的思想，将一般产品设计任务转化为模块化产品方案。它包括两方面的内容：一是根据新的设计要求进行功能分析，合理创建出一组模块，即模块创建；二是根据设计要求将一组已存在的特定模块组合成模块化产品方案，即模块组合。

模块化设计的原则是力求以少数模块组成尽可能多的产品，并在满足要求的基础上使产品精度高、性能稳定、结构简单、成本低廉，且模块结构应尽量简单、规范，模块间的联系尽可能简单。因此，如何科学地、有节制地划分模块，是模块化设计中很具有技术性的一项工作，既要考虑到制造管理方便、具有较大的灵活性、避免组合时产生混乱，又要考虑到该模块系列将来的发展和向专用、变型产品的辐射。模块划分的好坏直接影响到模块系列设计是否成功。总的说来，划分前必须对系统进行仔细的、系统的功能分析和结构分析。

例如，将模块化思想用于机床设计，它与传统设计方法相比具有如下特点：①同一种功能的单元是若干可互换的模块，而不是单一的部件，从而使所组成的机床在结构、性能上更为协调合理。②同一种功能的模块在较大范围内具有通用化特性，可在基型、变型甚至跨系列、跨类型机床中使用。③将功能单元尽量设计成较小型的标准模块，使其与相关的模块间的连接形式及结构要素一致或标准化，便于装配和互换。

从以上特点可以看出，采用模块化设计方法的机床设计有着以下重要的技术经济意义：①缩短产品的设计和制造周期，从而显著缩短供货周期，有利于争取客户。②有利于产品更新换代及新产品的开发，增加企业对市场的快速应变能力。③有利于提高产品质量和可靠性；④具有良好的可维修性。

虚拟设计技术与模块化设计技术的融合，产生了一个全新的设计理论和方法体系——虚拟模块化设计。虚拟设计的引入，使模块化设计的全过程均在计算机上完成，从而彻底改变了传统模块化设计中手工操作、工作量大、效率低的缺陷。同时，基于模块化设计的虚拟设计与虚拟制造系统构造起来更为容易，由于模块化设计具有通用化、系列化、标准化的特性，使虚拟产品模型的构造及其数据管理更为规范和简单，使虚拟设计系统开发的考虑因素大为减少。

（十一）三次设计法

三次设计法是日本著名学者田口玄一博士创立的一种现代设计方法。该设计法将产品的设计过程分为3个阶段进行，即系统设计、参数设计和容差设计。由于该设计法是分3个阶段进行新产品、新工艺设计，故称三次设计法。

1.系统设计（亦称第一次设计）

是根据产品规划所要求的功能，对该产品的整个系统结构和功能进行设计，提出初始设计方案。系统设计主要依靠专业知识和技术来完成。系统设计的目的在于选择一个基本模型系统，确定产品的基本结构，使产品达到所要求的功能。它包括材料、元件、零件的选择以及零部件的组装系统。

2.参数设计（亦称第二次设计）

是在专业人员提出的初始设计方案的基础上，对各零部件参数进行优化组合，使系统的参数值实现最佳搭配，使产品的输出特性的稳定性好、抗干扰能力强、成本低廉。

3.容差设计（亦称第三次设计）

是在参数设计提出的最佳设计方案的基础上，进一步分析导致产品输出特性变动的原因，找出关键零部件，确定合适的容差，使质量和成本二者达到最佳平衡。

参数设计是三次设计法的重点。参数设计的目的是要确定系统中的有关参数值及其最优组合，以达提高产品质量和降低成本的目的。在参数设计阶段，一般是用公差范围较宽的廉价元件组装出高质量的产品，使产品在质量和成本两方面均得到改善。

大量应用实例表明，采用三次设计法设计出的新产品（或新工艺）性能稳定可靠、成本低廉，在质量和成本两方面取得最佳平衡，在市场中具有较强的竞争力。

第四节　现代设计常用工具软件

一、CAD/CAM软件

（一）UG软件

UG（Unigraphics NX）软件是美国Unigraphics Solutions公司的一个集CAD、CAE和CAM于一体的机械工程辅助系统。UG软件采用基于特征的实体造型，具有尺寸驱动编算功能和统一的数据库。其核心Parasolid（一个严格的边界表示的实体建模模块）提供强大的实体建模功能和无缝数据转换能力。UG软件实现了全相关的和数字化的实体模型之间的数据共享，它提供给用户一个灵活的复合建模模块，如实体建模、曲面建模、线框建模、基于特征的参数建模以及功能强大的逼真照相的渲染、动画和快速原型工具。UG软件使用户能快速和精确地通过公差特征将公差信息与几何对象相关联。UG软件还提供了二次开发工具，允许用户扩展UG软件的功能，强大的编程框架使用户和软件供应商可以开发出与UG软件能很快集成并全相关的应用程序。UG软件具有很强的数控加工能力，可以进行两轴至两轴半、三轴至五轴联动的复杂曲面加工和镗铣。它覆盖了制造的全过程，以及制造的自动化、集成化和用户化，在产品制造周期、产品制造成本和产品制造质量方面，都提供了实用的、柔性的CAM产品，融合了世界丰富的产品加工经验。UG软件适用于航空航天飞行器、汽车、通用机械以及模具等的设计、分析及制造工程。

（二）Pro/Engineer软件

Pro/Engineer软件是美国PTC（Parametric Technology Corporation）公司的机械设计自动化软件产品，它是最早较好地实现参数优化设计性能、在CAD领域中具有领先技术并取得相当的成功的软件。Pro/Engineer包含了70多个专用功能模块，如特征造型、产品数据管理（product data management，PDM）、有限元分析、装配等，被称为新一代CAD系统。

Pro/Engineer建立在一个统一的能在系统内部引起变化的数据结构的基础上，因此开发过程中某一处所发生的变化能够很快传遍整个设计制造过程，以确保所有的零件和各个环节保持一致性和协调性。

Pro/Engineer的核心技术是以部件为中心，可以画出非常复杂的几何外形，其设计的零件不仅包含制造工艺和成本等一些非几何的信息，而且还包括零件的位置信息以及它们之间的相互联系。这意味着在对零件进行布置时并不需要一个坐标系，零件自身"知道"它们是如何与模型的其余部分相联系的。这就使得对模型的改动非常迅速，并且始终与最初的设计意图相一致，所以它能使工程师高效率地设计，归档和管理任意大小的产品部件。

Pro/Engineer不仅使用方便，还提供了全面的以因特网为中心的工具，用户可以进行在线浏览、交互访问和共享Pro/Engineer的设计。而且，从因特网上还可以得到PTC公司新的InPart（管理机械和机电产品的CAD模型及技术文档数据库），这是业界最大的在线零件目录，其中有来自著名部件供应商的成千上万个以前创立的Pro/Engineer标准设计。

（三）I-DEAS软件

I-DEAS软件是美国机械软件行业先驱SDRC（Structure Dynamics Research Corpo-ration）公司推出的新一代机械设计自动化软件，也是SDRC公司在CAD/CAM/CAE领域的旗舰产品，它集产品设计、工程分析、数控加工、塑料模具仿真分析、样机测试及产品数据管理于一体，是集成化的CAD/CAM/CAE一体化工具。在我国，正式使用I-DEAS软件的用户已经超过400家，它已居于三维实体机械设计自动化软件的主导地位。由于SDRC公司早期是以工程与结构分析为主逐步发展起来的，所以工程分析是该公司的特长。

I-DEAS软件与SDRC公司的Metaphase软件（当今世界最先进的产品数据管理软件）的无缝集成，已为企业提供了掌控产品开发全过程的保证。I-DEAS软件还允许设计团队在基于公共主模型的同时开展工作，由此生成的数字样机可提供以前只能靠物理样机实验才能得到的答案。

作为I-DEAS软件核心的VGX技术提供了动态引导器这样独特的关键技术。作为一个交互性能很强的工具，动态引导器可自动识别并预增配件、零件、边、（曲）面、线框、草图、单个几何实体和所有约束，参与用户的下一步操作。它具有直接在实体零件上任意位置勾画草图的能力，并可以直接在三级数字模型上进行增、删、改任一个或一组特征的操作，既直观又随意。

I-DEAS软件可兼容其他商业或自用软件，实现与电子，机械设计、分析、测试，加工、快速成形以及其他具有并行工程功能的应用软件的数据共享，保护企业以前的投资。

I-DEAS软件共有以下七大主模块。

1.工程设计模块

工程设计模块主要用于对产品进行几何设计，包括建模、曲面、装配、机构、制图建模几个子模块。

2.工程制图模块

I-DEAS软件的绘图模块是一个高效的二维机械制图工具，它可绘制任意复杂形状的零件，既能作为高性能系统独立使用，又能与I-DEAS软件的实体建模模块结合起来使用。

3.制造模块

在机械行业中用到的I-DEAS软件制造模块中的功能是数控加工。

I-DEAS软件的数控模块分三大部分：前置处理模块、后置处理编写器和后置处理模块。

在前置处理模块中，I-DEAS软件提供了完整的机加工环境，可同时处理三维实体和曲面。数控刀具轨迹可根据仿真情况进行修正。

4.有限元仿真模块

I-DEAS软件的有限元仿真应用包括3个部分：前处理模块，求解模块，后处理模块。

5.测试数据分析模块

I-DEAS软件的测试数据分析模块就像一位保健医生，它在计算机上对产品性能进行测试仿真，找出产品发生故障的原因，然后对症下药、排除故障、改进产品设计。

6.数据管理模块

I-DEAS软件的数据管理模块简称IDM，它就像I-DEAS家庭的一个大管家，将触角伸到I-DEAS软件的每一个任务模块，并自动跟踪在I-DEAS软件中创建的数据，这些数据包括存储在模型文件或库中零件的数据。IDM也跟踪数据之间的关系。这个管家通过一定的机制，保证了所有数据的安全及存取方便。

7.几何数据交换模块

I-DEAS软件中的几何数据交换模块有好几个，如IGES、SRP、DXF等，其工作原理是先将别的CAD数据转换成中性数据（不依赖于该CAD系统的），然后将中性数据通过几何数据交换模块转换成I-DEAS数据，这样，就可将外来数据全部"同化"。

（四）AutoCAD系统

AutoCAD系统是美国Autodesk公司为微型计算机开发的一个交互式绘图软件，它基本上是个二维工程绘图软件，具有较强的绘图、编辑、尺寸标注以及方便用户二次开发的功能，也具有部分的三维作图造型功能。

AutoCAD系统能让用户处于一个轻松的设计环境，摆脱对键盘输入的依赖，同时，AutoCAD系统的多文档设计环境还能使用户在多个DWG文件窗口中协同设计。AutoCAD系统设计中心能追寻本机或网络上各处已有的设计信息，并将其统一控制在当前的交互环境中，快速尺寸标注显著缩短了尺寸标注过程，自动捕捉和自动跟踪使精确绘图更容易。

AutoCAD系统改进了图形输出特性，从图面布局及样式到各种图面注释，用户可获得更多的灵活性和控制手段，以确保最佳的图形输出效果。

AutoCAD系统能直接存取web上的图形文件及其相关数据，还可以将设计对象与指定的web网址超级链接并实现电子化出图。AutoCAD系统的数据库链接特性，可将图形文件中的对象直接与外部数据库链接，从而轻易实现由图形驱动的数据处理方案。充分利用AutoCAD系统，用户可以随时随地与任何人交流和共享设计。

（五）Solid Edge软件

作为美国Unigraphics Solutions公司的中端CAD软件包，Solid Edge软件提供了杰出的机械装配设计和制图性能、高效的实体造型能力和无与伦比的易用性，其实体建模系统具有最佳的易用性，并可按照设计师和工程师的思路工作。Solid Edge软件的参数以及基于特征的实体建模操作依据定义清晰、直观一致的工作步骤，推动了工作效率的提高。Solid Edge软件强大的造型工具能帮助用户更快地将高质量的产品推入市场。

Solid Edge软件适用于Windows的机械装配设计系统，它是一种完全创新的应用于机械装配和零件模型制作的计算机辅助设计系统。Solid Edge软件是第一个将参数化、特征化实体模型制作引入Windows环境的机械设计工具，通过模仿实际和自然的机械工程流程的直观界面，Solid Edge软件避免了传统CAD系统中命令混乱和复杂的模型制作过程。

Solid Edge软件可以快速方便地与其他的计算机辅助工具，如与办公室自动化程序、机械设计、工程和制造系统等配合使用。

（六）Master CAM系统

Master CAM系统是美国CNC系统公司开发的一套适用于机械产品设计、制造的运行在PC平台上的3D CAD/CAM交互式图形集成系统，不仅可以完成产品的设计，更能完成各种类型数控机床的自动编辑，包括数控铣床（两轴至五轴）车床、线切割机（四轴）、激光切割机、加工中心等的编辑加工。

产品零件的造型可以由系统本身的CAD模块来建立模型，也可通过一坐标测量仪测得的数据建模，系统提供的DXIGES、CADL、VDA、STL等标准图形接口可实现与其他CAD系统的双向图形传输，也可通过专用DWG图形接口直接与AutoCAD系统进行图形传输。系统具有很强的加工能力，可实现多曲面连续加工、毛坯粗加工、刀具干涉检查与消除v实体加工模拟、DNC连续加工以及开放式的通用后置处理功能。

（七）Edge CAM软件

Edge CAM软件为英国Pathrace公司出品的数控自动编程系统。Pathrace公司一直从事数控自动编程软件的开发，是全球领先的CAM软件供应商，为Autodesk公司合作伙伴。Edge CAM for MDT集成了Mechanical Desktop（MDT），可直接对实体模型进行编程，自动识别特征，极大地提高了生产效率。Edge CAM软件具有刀具路径与实体模型动态关联、对于用参数化设计的系列零件只需一次编程就能确保数据完整、设计与制造联系更紧密及支持多种加工方法的特点。

二、工程分析软件

（一）结构分析软件

MSC/NASTRAN软件是世界上功能全面，应用广泛的大型通用结构有限元分析软件，同时也是工业标准的FEA原代码程序及国际合作和国际招标中工程分析和校验的热门工具，它可以解决各类结构的强度、刚度、屈曲、模态、动力学、热力学、非线性、（噪）声学、流体结构耦合、气动弹性超单元，惯性释放及结构优化等问题。MSC/NASTRAN软件提供开放式用户开发环境和DMAP语言及10余种CAD接口，以满足用户的特殊需要。

MSC/DYTAN软件主要用于求解高度非线性、瞬态动力学、流体及流固耦合等问题，可解决广泛复杂的工程问题，如金属成形（冲压、挤压、旋压、锻压）爆炸、碰撞、搁浅、冲击、穿透、汽车安全气囊（带）、液固耦合、晃动、安全防护等。程序采用有限元方法及有限体积方法，并可二者混合使用。

MSC/FATIGUE软件是专用的耐久性疲劳寿命分析软件系统，可用于零部件的初始裂纹分析、裂纹扩展分析、应力寿命分析、焊接寿命分析、随机振动寿命分析、整体寿命预估分析、疲劳优化设计等各种分析。同时，该软件还拥有丰富的与疲劳断裂有关的材料库、疲劳载荷和时间历程库等，分析的最终结果具有可视化特点。

MSC/CONSTRUCT软件是基于MSC/PATRAN软件和MSC/NASTRAN软件，用于拓扑及形状优化的概念化设计软件系统。通过该软件，可根据设计性能预测和改变结构材料的分布，构造新的拓扑关系和几何特征，并进而通过非参数形状优化、光顺拓扑优化模型，降低应力级别，提高产品设计寿命。MSC/CONSTRUCT软件可在网格自适应技术的基础上实现网格重划分功能，处理多种载荷及边界条件，对解决超大型模型同样有效。

MSC/MARC软件是功能齐全的高级非线性结构有限元分析系统，它具有极强的结构分析能力，可以处理各种线性和非线性结构分析，包括线性/非线性静力分析、模态分析、简谐响应分析、频谱分析、随机振动分析、动力响应分析、自动的静/动力接触、屈曲/失稳、失效和破坏分析等，还可以解决各种高度复杂的结构非线性、动力、耦合场及材料等工程问题，尤其适用于冶金、核能、橡胶等领域。

MSC/AKUSMOD软件是美国MSC公司与德国SPE公司共同开发的内噪声预测仿真软件，该系统以MSC/NASTRAN软件为基础，通过3D流体网格自动生成、流体结构自动耦合、先进的吸波单元和全面的可视化技术，可进行振动噪声分析、内噪声预测及噪声优化灵敏度分析等，适用于汽车、航空、铁路、船舶等各个领域。

（二）机械系统自动动力分析软件

机械系统自动动力分析（automatic dynamic analysis of mechanical system，ADAMS）软件是世界上使用最为广泛的机械系统仿真（mechanical system simulation，MSS）软件。通过预测和分析机械系统经受大位移运动时的性能，ADAMS可以帮助改进各种机械系统的设计，从简单的连杆机构到车辆、飞机、卫星、洗衣机、盒式磁带录像机机构、磁盘驱动器。

ADAMS为工程师提供各种生成及试验其设计方案的途径，这在以前是不可能做到的。ADAMS的软件样机能够在物理样机和试验数据得到前进行完整的系统仿真。其他各种可供选择的设计方案也可进行仿真试验、修改和优化，这些都可以在设计过程的早期进行，大大降低了成本，极大地缩短了新产品投入市场所需的时间。

ADAMS分析类型包括运动学、静力学、准静力学分析，以及完全非线性和线性动力学分析，包含刚体和柔性体分析，具有：二维和三维建模能力；50多种连接副、力和运动发生器组成的库以及一个强大的函数库；组装、分析和动态显示不同的模型或同一个模型在某一过程变化的能力；开放式结构，允许用户集成自己的子程序；先进的数值分析技术和强有力的求解器，使求解快捷、准确；与CAD、FEA（有限元分析）、广告动画和控制系统建模软件之间有专用接口；易使用的图形界面软件ADAMS/View。

ADAMS适用于汽车工业、航空和国防工业、工程机械行业、机电产品工业及生物力学和人机工程领域。

（三）机械系统动力学，运动学分析软件

DADS软件是著名的机械系统动力学、运动学分析软件，能对机械系统整体的机械特性进行仿真。DADS软件多年来一直应用于高端领域，如航天航空、国防、铁道、特种车辆、轮船、汽车、机器人、生物医学等，被认为是动力学和运动学仿真方面的权威软件。典型的应用包括：航天器飞行控制及交会对接、卫星天线伺服控制、太阳能帆板展开、导弹发射及飞行动力学分析、引信、激光吊舱、伺服稳定平台、飞机起落架、车辆操纵稳定性和行驶平顺性、机器人行走稳定性、人工关节的动力学分析等。

目前，DADS软件与LMS公司的疲劳分析软件FALANCS、优化分析软件OPTT-MUS、噪声分析软件SYSNOISE及数据压缩软件TecWare有了专用接口。

与DADS软件有专用接口的软件有MATRIX、Pro/E、I-DEAS、CATIA、Solid-Works、UG、AutoCAD、MATLAB、EASY5、ANSYS、MSC/NASTRAN、ABAQUS、FALANCS，OPTIMUS、SYSNOISE、TecWare、PolyFEM、Elfini。DADS软件仿真得到的结果还可以用到其他第三方软件中。

DADS软件运算稳定，不会出现积分发散现象，对所有正确的虚拟样机都能解算并能得到正确的结果，它是最先将柔性技术加入到动力学仿真软件中并得到专家认可的软件。它能精确仿真多柔性体机构，并能与控制系统仿真软件完美结合，数据传递快、效率高、仿真精度好、软件实用性强，并且建立虚拟样机的操作简单，只要有运动存在，就有可能用DADS软件建立虚拟样机。

第四章

纺织设备管理

第一节 纺织设备及纺织设备管理

一、纺织设备

设备是固定资产的重要组成部分。在国外把设备定义为"有形固定资产的总称"。在我国,只把直接或间接参与改变劳动对象的形态和性质的物质资料看作设备。现代设备具有以下特征。

第一,设备日益大型化或超小型化。传统设备的容量、功率都明显向大型化方向发展,目的是获得更大的生产能力,如重型地毯织机,门幅可达5m以上;由于不断应用新技术和新材料,微型化的设备也得到迅猛发展,如纳米技术的发展推动了设备微型化的进程,高科技生物工程的发展使DNA超微型计算机成为可能。

第二,设备运行高速化已成为很多机械设备的重要发展方向。如传统的有梭织机的车速达到200r/min,剑杆织机的车速可达450～600r/min,喷气织机的车速高达1000r/min。

第三,设备功能高级化是设备现代化的重要标志。现在高性能、多功能的设备越来越多。

第四,设备自动化程度高,设备系统复杂。如涤纶厂的长丝生产就是自动化控制全过程的生产线。

纺织企业管理工作中所指的纺织设备是实际使用年限在1年以上，单位价值在一定限额以上，且能独立完成至少一道生产工序或提供某种效能的机器、设施以及维持这些机器、设施正常运转的附属装置。

广义的纺织设备主要是指直接生产纺织设备或直接服务于生产过程的纺织设备，包括：直接参加生产的纺织设备和实验设备，如各类纺纱设备、织布设备、染整设备、试验和化验仪器等；直接为生产服务的建筑物和构筑物，如厂房、仓库、锅炉、维修设备等；搬运装置，如铲车、电瓶车、吊车、输送带等；能源动力设备等。

狭义的纺织设备主要是指各类纺纱设备、织布设备、染整设备以及能源动力设备等。

二、纺织设备管理

纺织设备管理是以纺织设备为研究对象，提高纺织设备综合效率，追求纺织设备寿命周期费用经济性，运用现代科学技术、管理理论和管理方法对纺织设备运行全过程，即规划、设计、制造、购置、安装、调试、使用、维护、修理、改造、更新到报废的科学管理。

纺织设备管理是指为了最有效地发挥纺织设备的效能，提高纺织企业的生产效率和经济效益对纺织设备进行的设计、选型、维修、改进等各种技术活动和管理活动的总和。纺织设备管理包含技术和经济两个方面的管理。技术方面的管理是对纺织设备硬件所进行的技术管理活动。主要内容有纺织设备的设计和制造技术、纺织设备故障诊断技术和状态监测维修、纺织设备维护保养、大修、改造技术等。其目的是保障纺织设备的可靠性和维修性。经济方面的管理是对纺织设备运行的经济价值的考核，是从费用角度控制管理活动。主要内容有纺织设备规划投资和购置的决策、纺织设备能源成本分析、纺织设备大修、改造、更新的经济性评价、纺织设备折旧等。其目的是保障纺织设备的寿命和经济性。

（一）纺织设备管理的意义

1.纺织设备管理是纺织企业的基础管理

现代化纺织企业依靠先进的设备进行生产，生产中各工序要求密切配合和衔接，连续性和均衡性的生产过程要依靠设备的正常运行来保证。如果某一设备出现故障停机，就会造成生产环节中断，影响生产的正常进行，无法按时完成生产任务。纺织设备管理就是正确使用和精心维护，进行设备的状态监测，使设备始终处于良好的技术状态，保证生产的顺利进行。

2.纺织设备管理是产品质量的保证

纺织产品是通过纺织设备生产出来的，设备的技术状态不良，必然会影响到产品的质量，产品质量是纺织企业的生命。要加强企业质量管理，就必须加强设备管理。

3.纺织设备管理是提高企业经济效益的重要手段

企业的产量、质量和经济效益与设备的技术性能状态有密切的关系。产品的高产优质与设备有关，产品的原材料、能耗、维修费用与设备直接相关。

4.纺织设备管理是安全生产的保证

设备的技术落后和管理不良是引发设备故障和人身伤亡的重要原因。为了安全生产必须重视纺织设备管理。

5.纺织设备管理是环境保护的前提

纺织生产（特别是染色整理生产）也是排放有毒、有害的气体或液体，从而造成环境污染的重要源头。为净化环境，保护人类赖以生存的地球，从社会发展的长远利益考虑，必须重视纺织设备管理，为环境保护创造良好条件。

6.纺织设备管理是企业长远发展的重要一环

科学技术是企业的第一生产力，企业的核心竞争能力体现在产品开发生产工艺的革新和生产设备的装备技术水平上。要以先进的生产设备和检测设备来保证新产品的开发和生产，采用新技术开发新产品，并迅速投产，形成批量，占领市场，实现企业长远发展的目标，这都要求企业要加强设备管理。

（二）纺织设备管理的特点

纺织设备管理除了具有一般管理的共同特点外，还具有以下一些特点。

1.纺织设备管理具有很强的技术性

纺织设备管理包含了机械、电子、液压、计算机等多方面的科学技术知识；其次，还要了解并掌握监测和诊断技术、可靠性工程、摩擦理论、修复技术等专业知识，才能正确地使用和维修纺织设备。所以纺织设备管理需要多门技术作为基础，是一项技术性很强的工作。

2.纺织设备管理具有综合性

现代纺织设备包含多种专门技术知识，多门技术的综合应用。纺织设备管理和企业生产经营目标紧密相连，为获得纺织设备的最佳经济效益，必须实现设备的全过程管理。纺织设备管理以提高设备综合效率和追求费用经济为目标，其管理内容包含技术和经济两方面的管理。纺织设备管理追求寿命周期及使用期内无事故、无公害、安全生产。

（三）设备综合管理学科

设备综合管理学科是为了提高设备管理的技术、经济和社会效益，适应市场经济的发展，针对使用现代化纺织设备所带来的一系列新问题，继承了传统设备管理的有益方面，吸取了现代管理的科学理论（系统论、控制论、信息论、决策论等），综合了现代化科学技术的新成就（故障物理学、可靠性工程、维修性工程、纺织设备故障诊断技术等），而逐步建立起来的一门综合学科。

设备综合管理作为一门新兴的综合性学科，在实现企业提高生产率、保证产品质量、降低成本、安全生产和减少社会公害等方面已发挥了引人注目的作用，但由于其发展历史较短，现正处于不断发展和完善阶段。英国设备综合工程学、日本全员生产维修、中国设备综合管理都属现代设备管理范畴。

美国的预防维修制基本思想是对影响设备正常运行的故障采取"预防为主"的方针，达到减少停机停产的损失、减少维修费用、降低生产成本、提高企业经济效益的目的。主要做法是通过日常检查定期检查对设备进行预防性维修，在故障尚处于萌芽状态时加以控制或采取措施，避免发生突发事故。

欧洲的计划预防修理制其理论依据是纺织设备组成单元的磨损规律。该理论认为，在规定的工作规范和环境下，纺织设备的磨损与其使用开动时间是成比例的，磨损量是使用时间的函数。通过规定合理的开动台时，对设备中某些零部件制订出预防性修理计划，使得这些零部件在达到允许磨损极限之前，就通过有计划地修理或更换，防止急剧磨损或造成事故性故障。主要做法是对设备进行定期检查和计划修理，强调设备的日常维修。但由于受计划准确性影响，可能产生维修过剩或维修不足，影响维修经济效益。

我国的设备管理正朝设备综合管理方向发展，综合管理是设备管理现代化的重要标志。体现设备综合管理思想的两个要素是"设备综合工程学"和"全员生产维修制"。根据我国设备管理现状和发展的要求，逐步形成具有中国特色的设备综合管理和计划预修制相结合的新型管理模式。

1.设备综合管理

综合管理主要开展以下各项工作：

（1）应用先进的管理理念，如管理工程学运筹学、价值工程、质量管理等一系列工程技术方法，管好、用好、修好设备。由不讲经济效益的纯维修型管理转向追求设备一生最佳效益的综合型管理发展。对设备认真进行价格运转、维修费用和经济寿命等方面的研究，把好经济效益关，充分发挥设备和人员的最大能力。

（2）重视设备可靠性和维修性的研究，实现设备目标管理。提高设备可靠性和维修性，降低设备故障和减少设备停台维修时间，有效地使用设备。

（3）以设备寿命周期全过程为研究和管理对象，应用系统工程的理论，把设备规划、设计制造、安装、调试、使用维修、改造、更新和报废的全过程作为研究和管理对象，努力提高设备的综合经济效益。

（4）重视设备运行中的信息反馈工作，特别要加强设备投产前的前期管理和设备使用中的信息反馈工作，为设备制造厂家、设备维修部门提供有益的信息，提高设备折旧、更新与改造的决策能力。

2.全员生产维修制

全员生产维修制是一种全效率、全系统和全员参加的设备管理和维修制度。以设备综合效率为最高目标，要求优质、高产、低成本、按时交货、安全生产、无害环境，建立起从规划、设计、制造安装、使用、维修、改造、更新直至报废的设备寿命周期全过程为对象的预防维修系统。要求企业最高领导和第一线操作工人都要参加到生产维修活动中来。

该维修制度重视设备维修人员的培训、重视培养操作维修多面手，主张由设备使用者自主维护设备、班组自主管理来完成预定目标。设备维修管理坚持预防为主，突出重点设备的维护和保养，重视并广泛开展设备点检工作，从实际出发，开展计划修理工作，讲究维修效果，追求企业的最大经济效益。

3.我国特色的计划预修制

我国特色的计划预修制的主要特点。

（1）计划预修与事后修理相结合。针对生产中比较重要的设备实现计划预修，对一般设备实现事后修理或根据设备实际使用状态进行修理。

（2）合理制订维修周期。使维修周期和结构更符合实际情况，一般预修制的维修周期是根据设备磨损制订的，我国特色的计划预修制的维修周期根据各主要设备的情况来确定，具体地说是按照设备的设计水平、制造和安装质量、役龄和使用状态等情况来安排维修周期，使其更加合理。

（3）采用项目修理。一般纺织企业的设备修理有保养、小修、中修和大修几个环节，但目前我国不少企业采用项目修理替代设备中修，或者采用几次项目修理替代设备大修，项目修理更有针对性，可大大节省修理工作量和修理时间。

（4）设备保养与检修相结合。采用计划保修制，是一种新的设备维修管理制度。设备保养目的是及时发现和处理设备在运行中出现的异常现象，减轻和延缓设备的磨损，延长设备的使用寿命。其主要特点是根据设备结构特点和使用状况，定期对设备实施规格不同的保养，在此基础上制订设备的维修周期，强调维护保养在设备管理与维修工作中的重要性，有利于充分发挥设备操作人员的积极性，使设备管理工作有广泛的群众基础。

（5）由单一的固定型的维修模式，向多种维修模式发展，如集中检修、联合检修。

（6）由设备定期大修、小修，按期按时检修，向预知检修和按需检修方向发展。很多先进的技术和理念都得到应用，如状态监测技术、网络技术、计算机辅助管理等。

（7）维修技术的高科技化。新工艺、新技术、新材料的发展和广泛应用，特别是自动化技术、电子技术的应用，使得维修技术也越来越高科技化。

三、纺织设备全过程管理

现代设备管理是企业管理现代化中重要的组成部分。现代设备管理强调设备寿命周期的全过程管理。纺织设备使用的全过程可划分为规划决策、设计制造或选型采购、安装调试初期管理、使用维修、改造更新和调剂报废7个阶段。纺织设备管理是研究纺织设备全寿命周期的学科，它由纺织设备的规划工程、维修工程、公用工程、环境保护工程等四大部分组成。纺织设备管理按纺织设备寿命周期中的运动过程可划分为规划工程和维修工程两个阶段。

纺织设备寿命周期理论是根据系统论、控制论和决策论等基础理论，结合企业的经营目标和任务，分析和研究设备寿命的理论。设备寿命周期理论包含技术理论、经济理论和管理理论3方面的内容。

第一，设备寿命周期的技术理论是研究寿命周期的故障特性和维修特点，依靠技术进步，提高设备的有效利用率，采用适合的新技术和诊断修复技术，改进设备的可靠性和维修性。

第二，设备寿命周期的经济理论研究设备磨损的经济规律，掌握设备的技术寿命和经济寿命，对设备的投资、修理和改造更新进行技术经济分析，做到低投入高产出、高效益，达到寿命周期费用最经济和综合效率最高的目标。

第三，设备寿命周期的管理理论研究设备全过程的管理和控制，需研究和控制设备的设计者、制造者和使用者三者相结合的动态管理，建立相应的模型，实现适时的信息反馈，从而实现设备的综合管理。

纺织设备的全过程管理就是对纺织设备的规划、设计、制造、选型、购置、安装、调试维修、改造、更新直至报废的全过程所进行的技术、经济的综合管理。从宏观上看，纺织设备全过程管理属于全社会管理。实现纺织设备的全过程管理就是要加强全过程中各环节之间的横向协调，防止纺织设备制造单位和使用单位之间脱节，提高纺织设备的可靠性、维修性、经济性，为纺织设备管理取得最佳综合效率创造条件。

四、设备管理的经济技术指标

（一）设备经济技术指标的意义

设备经济技术指标是用来检查设备管理工作的执行情况，是定量评价企业经济效果和业绩的数据之一。经济技术指标可分成单项指标和综合指标。经济技术指标在管理过程中起监督、调控和导向的作用，通过指标考核来定量评价管理工作的绩效。当发现控制偏差时可及时采取措施调整。指标通过数据的形式反映实际工作的水平，评价与考核的业绩与企业及个人的利益挂钩，起到激励和促进的作用。纺织设备管理的经济技术指标是一套能够综合评价纺织设备管理效果和效率的指标，是纺织设备管理工作目标的重要组成部分。纺织设备管理工作涉及技术、经济、生产经营目标等各个方面，要反映出各个方面的管理水平和纺织设备资产经营效果，健全纺织设备管理的经济技术指标非常必要。

（二）纺织设备经济技术指标的构成

1.技术指标

技术指标细分为设备更新改造指标、设备利用指标、设备技术状态指标和设备维修管理指标等。

2.经济指标

经济指标又划分为设备效益指标、设备投资评价指标、设备折旧指标、维修费用指标以及能源利用指标。

（三）常用指标

1.国家使用的指标

国家使用的指标有国有资产保值增值率、净资产（总资产）收益率、成本费用利润率。

2.纺织行业或主管部门常用的指标

纺织行业或主管部门常用的指标有纺织设备净资产增值率、纺织设备利用率和主要设备完好率、主要生产设备故障停机率以及无特大、重大纺织设备事故。国家、行业及主管部门使用的指标之间并没有严格的界限。各企业的使用指标应根据具体情况选择与设置。

第二节　我国纺织设备管理制度的特点

一、纺织设备管理制度的要点

我国的设备管理制度是根据我国企业管理现代化的要求，针对我国设备管理的共性问题做出的原则性的规定，而具体的实施细则由各行业、各主管部门负责制定，企业根据实际情况来执行。纺织设备管理制度是在总结和提高我国纺织设备管理经验的基础上，借鉴国外设备管理的先进理论和实践提出的，它是现代设备管理理论与我国具体实践相结合的产物，具有时代的先进性和中国特色。

二、纺织设备管理的方针

纺织企业设备管理是以效益为中心，企业设备管理的3条方针是依靠技术进步、促进生产发展和预防为主。企业要建立设备管理的良好运行机制，积极推行设备综合管理，加强企业纺织设备资产的优化组合，加大企业设备资产的改造更新力度，确保企业固定资产的保值增值。

（一）纺织设备管理"依靠技术进步"的方针

纺织设备管理应当依靠技术进步，提高设备的技术含量。要适时用新纺织设备替换老纺织设备、运用高新技术对老旧纺织设备进行改造、推广纺织设备故障诊断技术和计算机辅助管理技术等管理新手段。无论是提高装备效率，还是采用新技术，提高设备管理和维修水平，技术的进步已显示出能极大地实现社会效益和经济效益。

（二）纺织设备管理"促进生产发展"的方针

首先，纺织设备管理必须坚持为提高生产率、保证产品质量、降低生产成本、保证订货合同期和安全环保、实现企业经济效益服务；其次，必须深化环保管理的改革，建立和完善纺织设备管理的激励机制，同时企业经营者必须充分认识到纺织设备管理工作的地位和作用，尤其重要的是必须保证资产的保值增值，为企业的长远发展提供保障。

（三）纺织设备管理"预防为主"的方针

"预防为主"就是纺织企业为确保纺织设备持续高效正常运行，防止纺织设备非正常劣化，在依靠检查、状态监测、故障诊断等技术的基础上，逐步向以状态维修为主的维修方式发展。纺织设备制造部门应主动听取和搜集使用部门的信息资料，不断改进设计水平，提高制造工艺水平转变传统设计思想。"预防"是在设备维护和检修中以预防为主纳入新的理念，在设备综合管理的条件下，对设备设计制造企业提出更高要求，要实现"维修预防"，并逐步向"无维修设计"目标努力。

三、纺织设备管理的基本原则

纺织设备管理坚持"五个相结合"的原则，即设计、制造与使用相结合，维护与计划检修相结合，修理、改造与更新相结合，专业管理与群众管理相结合，技术管理与经济管理相结合。

（一）设计、制造与使用相结合

设计、制造与使用相结合的原则是指纺织设备制造单位在设计的指导思想上和生产过程中，必须充分考虑整个寿命周期内纺织设备的可靠性、维修性、经济性等指标，最大限度地满足用户的需要。设计、制造阶段决定了设备的性能结构、可靠性和维修性的优劣，决定了设备寿命周期费用的90%以上。同时，使用单位也应正确使用设备，应充分掌握设备的性能、合理使用，在纺织设备的使用维修过程中，及时向纺织设备的设计、制造单位反馈信息，有利于设备制造企业改进设计，进一步提高设备设计制造质量。

（二）维护与计划维修相结合

维护与计划维修相结合的原则是贯彻"预防为主"方针，保证纺织设备良好的技术状态、持续安全和经济运行的重要手段。对纺织设备加强运行中的日常维护保养、检查监测、调整润滑可以有效地保持纺织设备的各项功能，延长修理间隔期，减少修理工作量。现代化纺织设备的使用，尤其应加强维护保养，在纺织设备检查和状态监测的基础上实施预防性检修，不仅可以及时恢复纺织设备功能，同时又为纺织设备的维护创造了良好条件，减少工作量，降低维修费用，延长纺织设备使用寿命。在进行纺织设备的设计、制造、选购时应考虑其维护和检修的特性，在设备的使用期间应合理安排计划检修。

（三）修理、改造与更新相结合

修理、改造与更新相结合的原则是提高纺织企业技术装备素质的有效措施，也是"依靠技术进步"方针的体现。修理可以恢复设备在使用中局部损失的功能，补偿设备的有形磨损，具有时间短、费用低等优点。设备的技术改造是采用新技术来提高现有设备的技术水平，设备的更新则是用技术先进的新设备替换陈旧设备。企业必须建立设备改造、更新改造的运行机制，依靠技术进步，采用高新技术，多方筹集资金来改造或更新旧纺织设备。

以经济技术分析为手段和依据，进行纺织设备修理、改造与更新，可以提高纺织企业技术装备的水平，促进纺织企业技术进步。

（四）专业管理与群众管理相结合

专业管理与群众管理相结合的原则要求必须建立从纺织企业领导到一线工人全部参加的组织体系，实行全员管理，这是我国纺织设备管理的成功经验。全员参加设备管理，有利于管理工作的广泛开展，调动广大职工的积极性，使之自觉地爱护设备、关心设备，才能充分发挥设备的效能。专业管理则有利于更高层次的研究和发展。专业管理与群众管理相结合，互相补充，有利于实现纺织设备综合管理。

（五）技术管理与经济管理相结合

技术管理与经济管理相结合的原因是两者为不可分割的统一体。只有技术管理而不讲求经济管理，易产生低效益或无效益管理后果，使纺织设备管理缺乏生命力。技术管理包括对纺织设备的设计、制造、规划、选型、维护、修理、监测、试验、改造、更新等技术活动。技术管理的目的在于保证设备技术状态完好，不断提高设备装备水平。经济管理的目的在于设备资产的优化配置和有效营运，确保资产的保值增值，追求设备寿命周期费用的经济性。技术管理与经济管理相结合能确保设备取得最佳的经济效益。

四、纺织设备管理的主要任务

纺织设备管理的主要任务是对纺织设备进行综合管理，保持设备完好，不断改善和提高企业装备素质，充分发挥设备效能，取得良好的投资效益。综合管理是纺织企业设备管理的指导思想和完成设备管理任务的基本保证。

（一）纺织设备管理的基本任务

第一，保持设备完好。设备完好一般包括设备零部件齐全、运转正常，创收性能良好产品质量符合要求，原材料消耗正常3方面的内容。

第二，改善和提高企业技术装备素质。采用技术先进的新设备更换旧设备或应用新技术改造旧设备。

第三，充分发挥纺织设备效能，不断提高纺织设备综合效率和降低纺织设备寿命周期费用。

第四，提高纺织设备利用率，提高纺织设备的可靠性安全性和适用性。

第五，取得良好的经济效益。投资者和经营者的收益最大化是企业纺织设备管理的根本目标。

（二）纺织设备管理的基本内容

第一，建立和完善企业纺织设备管理激励机制和约束机制。

第二，建立寿命周期费用统计分析系统，对费用进行估算和核算。

第三，加强纺织设备前期管理，明确纺织设备管理部门在前期管理中的职责。

第四，完善企业纺织设备资产管理体制，进行资产评估，防止资产流失。

第五，加强纺织设备的现场管理，确保企业文明生产。

第六，加强重点纺织设备管理。

第七，加强纺织设备的故障管理，探索故障发生原因及制定相应对策。

第八，选择适合企业的纺织设备维修方式，如状态维修方式。

第九，依靠技术进步，适时进行纺织设备技术改造和更新。

第十，继续推行纺织设备管理现代化，广泛采用现代纺织设备管理方法和手段。

第十一，完善纺织设备管理基础工作，推进纺织设备管理标准化工作。

第十二，积极开展纺织设备管理社会化、专业化工作。

第十三，建立和完善纺织设备一生信息管理系统。

第十四，重视纺织设备组织机构和人员培训。

第十五，确保动能动力纺织设备的安全经济运行。

第三节　设备管理的组织领导和责任制度

一、组织领导

棉纺织企业设备管理工作，应当实行统一领导、分级管理，由生产厂长（总工程师）全面负责设备维修工作和设备管理制度的贯彻执行。企业可根据规模大小和生产需要，将设备管理分为厂部、车间、轮班3级管理或厂部、车间两级管理。要建立设备管理的专职机构（设备科或设备动力科等），代表厂部具体负责设备维修工作和设备管理制度的贯彻执行。

关于设备科是否应当"带兵"（即保全维修人员归设备科领导，保养人员归车间领导）直接抓设备维修工作的问题，一直是长期争论而没有统一的问题。很多企业都曾经历过一个"今天带兵明天又不带兵"的反复过程，有的甚至反复过多次。这是因为设备科"带兵"有利有弊，"带兵"的时候容易接触到它的弊端，而在不"带兵"的时候又想到"带兵"的好处的缘故。设备科"带兵"，是一种集中全厂各专业保全力量进行维修的组织形式。它的有利之处，是可以集中精力负责全厂设备大小修理，工作单一而专业，有利于布置和检查维修工作，统一和交流维修操作技术，提高维修质量。其缺点是容易形成保全与保养之间较多的矛盾，使二者关系紧张，而且往往由于只顾平车而没有很好地面向车间、面向生产，不利于为运转生产服务。车间"带兵"是另一种保全维修工作的组织形式。就是将专业保全力量分散到各个车间，由车间直接负责本部门的保全工作，实行保全、保养统一领导。

这种组织形式可以解决设备科"带兵"的缺点，对密切配合生产有利。但是因为车间主要精力放在生产上，尤其在生产任务繁忙紧迫时，容易忽视甚至挤掉保全保养工作，放松周期管理和维修质量要求，使维修工作处于消极被动的局面。

从棉纺织企业长期实践结果来看，对谁"带兵"更有利的问题，要根据企业具体情况而定。不应搞一个模式一刀切。一般来讲，设备状态比较正常或规模较大的企业，可采取分散的、由车间"带兵"的组织形式（设备科作为对外对内的设备管理部门），便于充分发挥车间对设备管理和维修工作的积极性和主动性，能够及时解决问题，更好地将设备的使用、保养和修理统一起来。设备状态不正常或规模较小的企业，可采取集中的、由设备科"带兵"的组织形式。这样，对设备状态不正常的企业，可以集中专业力量进行一段时期工作，狠抓设备维修周期和设备维修质量，促使设备状态逐步正常，此后也可以再转为车间"带兵"，对规模较小的企业，则可以集中使用全厂检修技术力量，充分利用工时，也可减少检修人员。

二、责任制度

（1）生产厂长（总工程师）在厂长领导下，对全厂设备的维修工作及其管理制度的贯彻执行负有全面责任。

（2）设备科在生产厂长（总工程师）直接领导下，是全厂设备管理的专职机构，设备科主要职责如下：

①按月、季、年汇总编制、审查全厂设备维修计划，督促检查执行情况，也负责按质、按量、按进度完成维修计划，定期统计总结上报。

②负责贯彻执行有关设备维修的各项管理制度，定期组织设备检查和操作交流，总结推广先进经验。

③会同劳工科、教育科做好维修人员的技术培训（包括实际操作、应知应会和操作标准）、技术考核、晋级以及安全生产工作。

④研究解决设备上存在的重大问题，负责组织制订设备技术改造和设备更新以及引进设备的项目和内容。

⑤负责审查、鉴定设备和重要机配件的新增、借调、报废工作，并按规定办理审批上报手续。

⑥会同机修部门、供销科，搞好维修备品配件的供应和管理工作。

（3）车间分管设备的主任，对车间设备的维修任务、正确使用和贯彻执行设备管理制度中有关规定负全部责任。同时，要完成分工的各项维修指标。轮班长对本班的加油、巡回检修、重点检修执行情况负责。

（4）保全、保养技术员，分别对本部门、本车间、本工序各项保全保养具体工作及贯彻执行设备管理制度中有关规定负责。同时，要完成分工的各项维修指标。保全队长、保养组长分别对本车间、本工序分工区域内的维修工作负直接责任，协助保全、保养技术员安排好维修任务，并具体执行设备管理制度中的有关规定。

（5）机修部门要坚持面向设备维修的方向，做好为生产、为车间服务的工作，保质、保量并按期完成有关设备修理、改造和备品配件的加工任务。在加工中，要积极开展技术革新和修旧利废。

三、设备的日常管理

企业在用好设备、修好设备的同时，还必须管好设备，做好设备的日常管理工作。不仅要管好各工序的主机、辅机、辅助设备，还要管好全厂的通用设备、专用器材、专用工具、仪器仪表、衡器、容器和运输设备。对设备管理工作，总的要求是对企业所有设备的数量、型号、规格以及设备的动态，要有全面准确的了解和掌握，也就是对全厂的设备家底做到：心中有数，台账完整，账实相符，动态清楚，保管良好。具体要做好以下几项主要工作：

第一，所有设备都要分别建立设备台账，逐台登记，统一分类编号，不得遗漏，由设备科统一管理。同时，每年由厂部组织有关部门和人员进行盘点清查，发现漏洞和问题，及时采取措施加以解决。

第二，新增设备到厂后，不管是当前使用，还是以后待用，都必须有专人进行验收并且加以妥善安放，防止缺损腐锈。对引进设备更要注意，尤其是在拆箱前，应当通知有关单位到厂协助验收，技术文件一定要归档，避免技术资料的遗失。

第三，关于设备的借用、调拨、报废，都要有一定的制度。借用设备的出厂及归还，要由经手者或经管部门，经过一定手续负责到底，特别要检查有否到期不还、长期遗忘的现象（如电动机就是常见的例子）。

第四，调拨的设备应是本企业多余的、长期闲置不用的或已申请报废的设备。调拨的设备一定要经主管厂长批准，一般应随带原有附件、辅机和技术文件。

第五，报废的设备应是超过使用年限、性能差、效率低，或主要结构损坏严重、无法修复，或经济上不值得修复、改造的设备。凡申请报废的主要设备，须先由设备科组织有关部门]进行鉴定，经生产厂长（总工程师）同意批准后处理。

第六，棉纺织企业的电动机，不仅数量众多，而且随着大小平车、本身检修、损坏事故和厂内外临时借用等原因，经常调动、变换安装地方，因而往往搞不清电动机实际数量和安装动态，形成企业在设备日常管理工作中的一个薄弱环节，每次在设备普查时，就会明显地暴露出来。因此，要认真加强电动机的管理，建立必要的电动机管理制度。

第四节　纺织设备的选择和评价

一、纺织设备的选择

设备选择是纺织企业设备管理的第一个环节，包括新建企业设备的选择、老企业购置新设备、从国外引进技术设备及企业自行研制专用设备等。纺织设备管理，要从设备选择开始保证新购、新制设备在技术上先进、经济上合理、生产上可行。首先，必须改革企业设备管理体制，设备的选择主要应由设备部门负责，从横向上把有关部门组织起来，对设备进行综合评价；其次，从设备的价值运动形态上看设备选择（即设备投资分析），为此，设备选择必须考虑设备投资的目的；最后，设备选择应考虑如设备的生产效率、可靠性、节能性、维修性、环保性等因素。

（一）纺织设备投资的目的

设备投资的目的一般分为如下6类：

1.扩大生产能力

是指为制造新产品或扩大生产能力而增加的新设备。

2.维持生产能力

是指为保证生产能力对设备进行更新、改造等。

3.提高和维持质量水平

是指采用高精度的设备。

4.降低成本

是指为降低消耗，提高原材料利用率的新设备。

5.提高效率

是指为减少用工、降低劳动强度，增加自动化程度较高的设备。

6.其他

是指除上述目的之外，涉及企业其他方面的设备投资，比如防治公害、保护环境等方面的设备投资。

（二）选择设备应考虑的因素

纺织设备的选择，目的是选择技术上先进、经济上合理、生产上可行的设备，满足生产需要，实现技术进步。设备选择时，应考虑以下因素：

1.生产性

是指设备的生产效率，一般以设备在单位时间的产品产量来表示。这一因素应与企业的长期计划结合起来，既要使设备的生产效率能够满足企业生产发展，又要使设备达到充分负荷。

2.可靠性

是指设备及专件精确度的保持性、耐用性、安全可靠性等。它是设备在规定时间及使用条件下，无故障地发挥规定性能的概率。对纺织设备来说，就是保证运行故障率低、纱织疵少等。

3.安全性

是指设备在使用过程中对生产安全的保障性能。例如，自动切断电源、自动停车、锁定开关、火星探测等防止事故的能力。有效防止直接威胁职工的健康和生命、给企业带来巨大的经济损失的安全性事故。

4.节能性

是指机器设备节省能源消耗的可能性。节能好的设备表现为热效率高、能源利用率高、能源消耗少，纺织设备具体指标为单位产量耗电量、耗气量等。

5.维修性

维修性能好的设备，是指设备结构紧凑，维修时零部件易拆卸、易检查及通用互换性好等。

6.环保性

是指设备的噪声和排放的有害物质对环境的污染程度。由于纺织企业是24小时连续运转，选择设备时，要把"三废"和噪声控制在一定的标准范围内，要求设备配备有相应治理"吸风、除尘、收集短绒飞花、废水及降噪"的附属装置或净化设备。

7.成套性

设备成套是形成企业生产能力的前提条件。特别是引进国外先进的纺织设备时，成套选购往往比分开购买主机和辅机合适，可节约投资费用，易于连接联动。

8.灵活性

其内容包括在工作对象固定的条件下，设备能够适应不同的工作环境和条件，操作使用比较方便灵活；能适应多品种、小批量、快交货的现代纺织生产加工要求；设备结构紧凑，占用车间面积小，移动方便。

9.经济性

经济性是选择设备的综合指标。它不仅要考虑节约一次性的投资购置费用，而且还要使设备在整个寿命周期内的总费用最小。总费用最小，又能完成所规定的任务，这样的设备才是经济性好的设备。

以上是选择设备要考虑的一些主要因素。对这些因素要统筹兼顾，全面地权衡利弊，以购置最佳设备。

二、纺织设备的经济评价

在选择和评价设备时，除了考虑上述因素外，还要考虑经济因素，即对设备的经济评价问题。设备的经济评价，主要是测算设备的寿命周期费用。设备的寿命周期费用由投资费和使用费两大部分组成。

投资费的特点是一次支出或集中在短时期内支出的费用。外购设备包括设备价格、运输费、安装调试费等，自制设备包括研究、设计、制造费用等。使用费是在设备的整个寿命周期内，为了保证设备正常运行而定期支付的费用，主要是能源消耗费、维修费以及固定资产税、保险费、操作该设备的人员工资等。进行设备经济评价时，首先要了解不同设备在购置时支付的投资费是多少，然后估算不同设备在投产使用后，平均每年必须支出的使用费，采用设备投资的经济评价方法，确定设备寿命周期费用较小的方案。

设备投资的经济评价方法很多，对于纺织设备而言，以年费法和现值法为主。

（一）年费法

年费法是把购置设备一次支出的最初投资费，依据设备的寿命周期，按复利利率，换算成相当于每年费用的支出，然后再加上每年的使用费，得出不同设备的年总费用，从中选择年总费用最低的设备为最优设备。

（二）现值法

现值法是把设备各年的使用费通过年金现值系数换算为"现值"，用"现值"与最初投资额进行相加，求出不同设备寿命周期总费用的现值，从中选择寿命周期总费用现值最低的设备为最优设备。

需要说明的是，采用年费法和现值法评价设备投资方案时，首先要比较一下各方案设备的使用寿命，如果使用寿命相同，那么两种方法都可使用，如果使用寿命不相同，以采用年费法为好。另外，两种方法的上述计算式仅适用于设备是一次性支出投资且以后每年使用费相等的设备经济评价情形。

第五节　全员生产维修管理——TPM

日本企业普遍实行的TPM是广泛吸收国外设备管理的先进经验，结合日本的具体情况而制订的一套适合日本国情的设备管理体系。TPM的要点是：把提高设备的综合效率作为目标。建立以设备整个寿命周期为对象的生产维修总系统。涉及设备的规划研究、使用、维修等部门。从企业最高领导人到第一线操作工人都参加设备管理。加强生产维修保养思想教育，开展以小组为单位的生产维修目标管理活动。它的中心思想就是"三全"，即全效率、全系统和全员参加，它的特点是：

第一，把设备的整个寿命周期作为它的研究对象，并且把寿命周期费用作为评价设备管理最主要的经济指标。设备的寿命周期，从广义来看，包括设备从提出方案、设计、试制、安装、调试、使用、改装、改造直到报废的全部时间。在这整个时间中所消耗的费用总和即为设备的寿命周期费用。设备综合管理的目的就是要使设备的寿命周期费用保持最低，而不是仅仅追求某一阶段（如制造或维修）费用的经济性。

第二，突破了以前设备管理的传统做法，综合了有关设备管理技术、财务、经营管理等方面，把设备运动的全过程（研究设计→制造→安装→使用维修→改善→报废）作为一个有机的系统，进行综合的分析和评价。

第三，强调设备的可靠性、可修性设计技术经济分析。可靠性就是无故障、准确可靠、安全；可修性就是易修性。比如，设备零部件结构合理，维修时工人可以到达或接近损坏地方，便于检查，零配件容易获得。可靠性、可修性的理想极限是"无维修设计"。设备综合工程学认为，通过设备的可靠性、可修性设计，可以而且必须向"无维修设计"前进。

第四，重视设计、使用和维修中技术经济信息反馈的管理。这方面的信息反馈包括厂内和厂外两方面。厂内信息反馈指设备在使用过程中，要不断进行使用记录，积累设备在使用过程中发现的各种问题，反馈给维修部门进行判断修理。厂外信息反馈指设备使用企业记录和积累设备在使用、维修过程中发现的缺点，反馈到设备制造厂的设计部门，以使研制下一代设备时加以改进。设备的综合管理十分强调这两种信息反馈渠道的畅通，以便使新的设备具有最佳的经济效益。

全效率也叫设备的综合效率。它是指设备整个寿命周期的输出和输入之比。设备的输入是指设备的寿命周期费用；设备的输出是指在满足安全、无公害、作业环境良好、成本低、质量高、按期交货和操作人员劳动情绪饱满等条件下的产量。

全系统是指以设备一生，即以设备的整个寿命周期作为对象进行系统的研究和管理，并采取相应的生产维修方式。在规划研究时采取系统分析；在设计制造时采取维修预防；在使用中按重要性划分不同设备类别和设备的不同部位，分别实行预防维修。

全员参加指凡是涉及设备的各方面的有关人员，从经理到生产工人都参加设备管理。

　　改革开放以来，我国的一些纺织企业，紧密结合本单位实际，因地制宜，学习日本设备管理先进方法、经营方针，体会到TPM是为加强经营方针服务的，并逐步摸索出了适合我国纺织企业情况的维修工作方法。一些企业通过对不同维修制度的研究，结合本厂实际，制定了新的"五、四、三、二、一"维修工作方法，即"五个结合"（管理与文明生产结合，日点检与日保养、周检查结合，定期定检与一般保养结合，精度检查与二级保养结合，TPM与TQ结合）；"四个考核"（设备利用率、完好率、故障停台率和设备故障损失费用）；"三个图表"（因果分析图、排列图、对策表）；"两个分析"（维修报告分析、故障间隔时间分析）；"一个汇总归档"（把以上数据和结果汇总并分类归档）。从而使设备管理维修工作取得了较好的成绩。特别是实行区域维修员责任制，使维修工人的责任心有了提高。

　　如有的企业在车间内部按设备类型把维修人员划分为几个作业组，每个组有钳工、电工若干人，对本区域的设备实行"五包"（包巡回检查、包一级保养验收、包完成二保计划、包提高完好率、包降低故障率），使维修工人岗位责任制得到落实。同时加强与生产工人的联系，使设备使用与维修紧密结合。

　　有的企业重视设备管理工作的经济效益。他们讲究设备投资效益，研究设备使用的寿命周期费用管理的概念及工作内容，提出设备更新计划，经厂部批准后由计划科执行，淘汰老旧设备，购进一批新设备，改善了设备构成，提高了设备投资的经济效益。

　　有的企业应用数理统计方法，分析设备管理维修工作效果。他们在执行设备点检基础上，建立了"三卡一图"（即日常点检卡、故障维修记录卡、故障间隔分析卡、维修综合数据图）。通过数理统计，使设备管理和维修状况能够用数据和图表反映出来，改变了过去用"大概""差不多"的分析无法肯定工作效果的状况。

第六节 进口设备的维修与管理

一、进口设备采用周期计划维修的局限性的主要表现

第一，设备不论状态好坏，一律执行周期平修，使有些还可以使用的零部件被提前更换，有些部件在拆卸过程中被损坏，原来磨合很好的部件又被重新装配，破坏了原有的技术状态。有些不该加油的润滑零部件，又被重新加油，产生过剩维修，浪费机物料费用。

第二，大、小修理时对设备大面积拆装，用工多，且受其拆装顺序的限制，产生"窝工"现象，造成工时的浪费。

第三，设备平修后，虽然恢复了设备精度，在投入生产时，又得重新经过一段时间的磨合，才能发挥其正常运转水平，不仅生产效率低，原料消耗增加，而且在这一段磨合期里，不但影响产质量，坏车次数也增加。

第四，因平揩车的需要，致使部分仍能正常运转的设备长时间停台，降低了设备运转率和生产效率。

第五，实践经验证明，不论设备状态如何，都按周期计划重新平装，在相当多的情况下，对零部件的反复敲打、撬启、打磨和频繁拆卸换件，非但不能改变设备的性能，反而使紧密配合部位松弛，光洁度下降，零部件内在质量产生潜伏故障，几何尺寸变异，并且使设备使用寿命有所降低。

第六，机械式的平装方法导致了维修人员思想僵化，使得不少人员只会熟练地平车，对各种状态的坏车不善识别和修理。

进口设备虽然具有维修局限性，但是其具有调速部件变频化、整体控制自动化、润滑性能高效化、机械加工精密化、设备整体装配水平精度高等特点，为实行状态维修创造了良好的条件。进口设备维修应更新思维，变换模式，实行状态维修。状态维修的观念是：保养重于维修，保养应由从属地位变为主导地位，保养工作不仅是清洁和加油润滑，还包括紧固件加固和巡回检修等工作内容，有

其更积极、更主动的预防性。可通过预先巡回检修，主动跟踪征兆并确定异常状态，及时进行事先维修，把故障消灭在萌芽时期。

二、进口设备的维修管理要点

第一，进口设备维修管理模式采用包机制，维修模式实行状态维修。实行状态维修和包机制相结合的设备维修模式，在减少用工、降低坏车率、提高设备运转率、提高产品质量、节约机物料等方面，都得到了不同程度的改善。

第二，建立一支技术过硬、知识全面、掌握先进维修技术的现代化维修队伍。进口设备机构复杂，具有更强的系统性，因此，要求更先进的设备维修队伍。近年来的企业发展表明，随着设备的技术进步，维修的技术含量逐年上升。先进的设备与落后的维修能力的矛盾日益加大，严重地困扰着企业进步，成了企业发展的障碍。

第三，成立企业内部的进口设备维修中心（亦可以成立区域维修中心）。现代维修人员遇到的是集光电技术、激光技术、气动技术和计算机技术为一体的复杂设备，传统意义上的维修技术难以胜任现代设备技术维修工作的要求，先进的设备需要现代化的维修观念和先进维修技术。

第四，配备先进的检测仪器。建立维修中心，必须配置先进的检测仪器，如维修电路过程中，使用一些基本的检测仪器，如万用表、兆欧表、钳形电流表、示波器等，但这些仪器在测量过程中受其本身功能的限制，在维修进口电气线路板中就显得较困难，特别是一些大规模集成电路及贴片元器件。而采用在线测试仪，不用拆卸元器件就可进行检测，为企业在进口线路板维修方面提供方便。在机械方面，新的检测仪器也不断出现，如故障探伤仪、振动仪、噪声诊断仪等为今后维修进口设备提供了良好的检测、诊断手段。

第五，加大进口设备的国产化进程。进口设备配件价格昂贵、供货期较长，企业一般不可能备有大量的进口备件，也不可能长时间停车等待配件，这就要求我们熟悉掌握进口设备的性能，掌握其配件、部件的技术参数，选取一些合适的国产件进行代替。

第五章

纺织设备的使用与维护管理

第一节　纺织设备技术状态及完好标准

一、纺织设备的技术状态

纺织设备技术状态是指纺织设备所具有的工作能力，包括性能、精度、效率、安全、环保和消耗等所处的状态及其变化情况。设备在使用过程中受到生产性质、加工对象、工作条件等因素的影响，使原制造时所确定的技术状态不断降低或劣化。为减缓劣化过程，预防和减少故障发生，必须定期对设备的技术状态进行检查。

二、纺织设备技术状态的评价

纺织设备技术状态的评价是指把纺织设备使用过程中的技术性能、生产能力、生产效率及有关技术质量标准与纺织设备原始定值进行比较，并用定量表示的方法。常用的整机设备技术状态的评价有纺织设备完好状态的评定、纺织设备综合精度的评定、纺织设备工程能力指数的评定。3种评定方法从不同角度反映纺织设备技术状态，分别具有不同的内涵，可根据管理的目的选择使用，也可以同时采用几种方法进行复合评价。纺织企业应用较多的是设备完好状态的评定。

纺织设备技术状态标准一般分为纺织设备工作能力标准和纺织设备技术状态完好标准。纺织设备的工作能力包括功能和参数，如精度、性能、效率、车速等的允许范围以及精度指数和工程能力指数等。设备的工作能力作为考核纺织设备质量的绝对标准，并在纺织设备完工检验合格后，记载在纺织设备出厂检验单和说明书中。纺织设备技术状态完好标准则是为了考核纺织设备在使用中的精度、性能与完好状态、纺织设备加工产品的质量以及纺织设备管理维修的效果而制订的。纺织设备完好状态的评定就是基于纺织设备技术状态完好标准的评价。

三、纺织设备技术状态的完好标准

（一）完好标准要求

纺织设备要达到完好的技术状态应符合一定的要求，主要有以下5点。

1.设备性能良好

设备精度和性能满足相应产品的生产工艺质量要求。

2.设备运转正常

零部件齐全，磨损不超过规定标准，操纵和控制系统、计量仪器、仪表液压、气压润滑和冷却等系统的工作正常可靠。

3.消耗正常

消耗原材料、燃料、油料、动能等。

4.外表整洁无泄漏

无漏油、漏水、漏气、漏电等现象。

5.设备安全性能可靠

防护、制动、联锁装置齐全有效。

纺织企业设备管理的主要任务之一就是保持设备完好。按操作和使用规程正确地使用设备，是保持设备完好的基本条件。纺织设备完好标准作为检查设备完好程度的尺度，对设备技术状态做出定量分析和评价。

（二）纺织设备完好率考核

纺织设备完好率是每月检查台数和合格台数的实际反映，不能以局部抽查数来反映全部设备的完好率。当车间的设备完好率已达到规定的目标，如超过90%，设备部门可用抽查完好纺织设备的方法，即在已报的完好纺织设备中随机抽查一部分，完好设备的抽查合格率反映被检查车间是否保持这个纺织设备完好率的水平。抽查合格率达到规定指标时（一般大于90%），才能认可所报的完好率。符合下述条件之一的设备是不完好设备。完好标准中的主要项目有一项不合格，该设备即为不完好设备；完好标准中的次要项目有两项不合格，该设备即为不完好设备。在检查人员离开现场前，能够整改合格的项目，仍算合格，但要作为问题记录在案。

（三）设备自检与抽检

车间内部进行自检，应逐台检查，确定完好台数。设备管理部门抽查完好设备台数的10%～20%，确定完好设备合格率。设备完好率是企业设备管理、使用维修、保养及设备技术状态的综合反映。纺织设备完好状态的具体考核指标是企业拥有主要生产设备的完好率。

第二节　纺织设备的使用管理

一、纺织设备的合理使用

（一）充分发挥操作者的主观能动性

设备是由操作者操作和使用的，充分发挥他们的主观能动性，积极参加设备管理，爱护设备，自觉按操作规程合理使用设备，是用好、管好设备的根本保证。

合理使用设备应做好以下工作：充分发挥操作者的主观能动性；按企业产品的工艺特点和实际需要合理配备设备；配备合格的操作者；为设备提供充分发挥效能的客观环境；制订并执行纺织设备使用和维护的一系列规章制度。纺织设备的使用管理就是建立在这些基本条件上，从设备安装调试、正常使用到该设备退出生产的全过程，通过组织、管理、监督及一系列必要的措施，使纺织设备经常处于良好的技术状态，获得最佳经济效益。

纺织设备合理使用可以降低磨损、延长零部件的使用寿命，减少更换或修复的次数和停机时间，提高设备的可利用率。正确合理地使用设备和精心维护保养是延长设备寿命、确保企业生产效率和产品质量、减少停工损失和维修费用、降低产品成本、实行企业经营目标的有力措施。

（二）合理配纺织设备

第一，根据产品和工艺特点来合理配置纺织设备、辅助设备及动力设备，使各种设备相互协调。

第二，加强企业之间的合作，提高设备利用率。对利用率不高的设备可采用租借或租赁的方法。

第三，使设备的生产率与生产任务相适应，纺织设备能有较高的工作负荷，达到较高的纺织设备利用率。

第四，纺织设备的类型规格、性能以及加工精度要与企业的生产特点和产品的工艺要求相适应，从而保证产品的质量和成本。

第五，纺织设备应配备必要的安全装置。随着纺织设备自动化、高速化程度的提高，操作者容易疲劳，容易造成操作失误而发生事故。

第六，有污染的纺织设备应配备治理"三废"的处理装置，减少环境污染，如染整废水的处理。

（三）配备合格的操作者

根据设备的技术要求和复杂程度配备能胜任的操作者，确保生产的正常进行和操作者的安全。设备操作者要求具备一定的文化技术水平和熟悉设备结构。因此，必须根据设备的技术要求，对设备操作者进行文化专业理论教育，帮助他们熟悉设备的构造和性能，明确岗位职责。

第一，纺织设备操作者在独立使用纺织设备前，必须经过对纺织设备的结构性能、传动装置、技术规范、安全操作和维护规程等技术理论及操作技能的培训，并经考试合格取得操作证后，方能独立操作和使用纺织设备。

第二，明确设备操作者的岗位职责。对单人使用的纺织设备，在明确操作人员后，必须明确其职责；两人及两人以上同时使用的纺织设备，应明确组长负责纺织设备的维护保养工作。

（四）为设备提供充分发挥效能的客观环境

良好的工作环境有利于设备正常运转，可以延长使用期限，改善操作者的工作情绪。安装必要的防腐蚀、防潮、防尘、防震装置，配备保险仪器装置、良好的照明和通风设施等，提供一个能充分发挥效能的客观环境。

（五）制订纺织设备使用和维护的规章制度

第一，制订纺织设备使用的有关技术资料。

第二，根据设备的技术要求性能和结构特点制订使用程序。

第三，制订设备操作维护规程。

第四，制订纺织设备的安全操作规程维护保养细则润滑卡片、日常检查和定期检查卡片等。

二、纺织设备使用前的准备工作

准备工作包括；操作者的技术培训；配备必需的检查及维修用仪器和工具；全面检查设备的安装精度、性能及安全装置；完备技术资料准备工作，如设备操作维护规程、设备润滑卡片、设备日常检查和定期检查卡片等。

三、纺织设备使用中的管理

纺织设备在使用过程中，由于受使用方法、工作时间、维护状况及环境等因素影响，技术状态不断发生变化，设备工作能力逐渐下降。通过设备使用中的管理控制和延缓这一过程，为设备创造一个良好的工作条件，正确合理地使用设备，提高设备的使用管理水平和操作者的素质。

（一）定人定机凭证操作制度

实行定人定机凭证操作设备制度是为了保证设备的正常运转，提高工人的操作技术水平，防止设备损坏。必须严格实行定人定机和凭证操作制，设备操作者必须经考试合格取得操作证，不允许无证人员单独使用设备，以确保正确使用纺织设备和落实日常维护工作。多人操作的纺织设备，由组长负责使用和维护工作。公用设备应由车间领导指定专人负责维护保管。

关键设备定人定机名单，经过设备部门审核报厂部批准后签发。对能熟练掌握多种设备操作的技术工人，经考试合格可签发多种设备的操作证。学徒工（实习生）必须经过技术理论学习并在师傅指导下操作实习一段时间，懂得正确使用操作设备和维护保养设备后，由师傅推荐参加理论及操作考试，合格后由设备主管部门签发操作证，才能单独操作设备。

（二）交接班制度

纺织企业大多采用连续生产的方式，连续生产的设备中途不用停机，在运行中交接班。交接班制是纺织设备使用管理制度中的重要一项。交班者须把当班设备运行中发现的问题，详细记录在交接班记录上，向接班人介绍设备运行情况。接班人应详细了解设备状态，双方当面检查，交接完毕在交接班记录上签名。接班人如发现设备异常现象，设备未按规定维护时可拒绝接班。如交接不清，设备在接班后发生问题，由接班人负责。

（三）使用设备的基本要求

纺织设备在使用过程中，操作者要根据设备操作使用程序和设备的性能技术要求正确合理地使用设备。使用设备时，要求使用者做到"三好""四会""四项要求"和"五项纪律"。

1.对纺织设备的"三好"要求

（1）管好设备：部门领导必须管好设备，保持其实物完好，严格执行纺织设备的移装封存、借用、调拨等管理制度，操作者必须管好自己使用的纺织，设备凭证操作设备。

（2）用好设备：正确使用和精心维护纺织设备，操作者必须严格遵守操作维护规程，设备不带病运转，不超负荷使用，安排生产时应根据纺织设备的能力，不得有超性能和拼纺织设备的短期行为。

（3）修好设备：安排生产时应考虑和预留计划维修时间，要按计划维修时间停机修理，配合维修工人及时排除故障并维修好纺织设备。

2.操作者的"四会"基本要求

（1）会使用：操作者应熟悉纺织设备结构性能、技术技能，掌握纺织设备操作规程，懂得加工工艺和正确使用纺织设备。

（2）会维护：会正确执行纺织设备维护和按润滑规定加油，按时清扫，保持纺织设备清洁。

（3）会检查：了解纺织设备易损零件部位，掌握完好检查项目和标准，并能按规定进行日常检查，会检查与加工工艺有关的项目，并能进行适当调整。

（4）会排除故障：能根据不正常的声音、温度和运转情况鉴别纺织设备正常与异常现象，会判断异常部位和原因，懂得其零部件拆装注意事项，及时采取措施排除故障。

3.维护使用纺织设备的"四项要求"

（1）整齐：工具、附件摆放整齐，设备零部件不损坏、不丢失，整齐摆放。

（2）清洁：纺织设备内外清洁，各齿条、齿轮无油污；不漏油、漏水、漏气；地面清扫干净。

（3）润滑：按时加油、换油，油质符合要求，加油工具齐全；油路畅通。

（4）安全：遵守操作维护规程，正确使用设备，观察运行情况，避免安全事故。

4.纺织设备操作者的"五项纪律"

（1）遵守安全操作维护规程，凭操作证使用纺织设备。

（5）保持纺织设备整洁，按规定加油和合理润滑。

（3）严格遵守交接班制度。

（4）管好工具、附件。

（5）发现异常立即通知有关人员检查处理。

（四）纺织设备操作规程

纺织设备操作规程是指导操作者正确使用和操作纺织设备的技术性规范，每个操作者必须严格遵守。认真按照操作规程操作，可以保证纺织设备安全运行，减少故障，防止事故发生。制订纺织设备操作规程原则如下。

第一，按纺织设备操作顺序及运转中注意事项分项列出，力求内容简明和适用。

第二，将设备结构特点、操作注意事项分项列出，便于操作者掌握要点。

第三，具有共性的纺织设备，可编制统一标准通用规程。

第四，重点纺织设备和关键纺织设备，单独编制操作维护规程，要求操作者特别注意和严格遵守。

（五）纺织设备使用规程

针对纺织设备的不同特性和结构特点，制订设备使用的科学管理制度和方法，是纺织设备合理使用的基本保证条件。设备使用规程内容一般包括以下8点。

第一，设备使用的工作范围和工艺要求。

第二，使用者应具备的素质和技能。

第三，使用者应遵守的各种制度和岗位职责，如定人定机凭证操作、交接班制等制度。

第四，操作规程和维护规程等。

第五，，使用者必须掌握的技术标准，如点检和定检卡。

第六，操作或检查必备的器具。

第七，安全注意事项。

第八，考核标准和内容等。

（六）纺织设备的岗位责任制

岗位责任制是对纺织设备使用人的职责提出的具体要求，主要包含以下4点内容。

第一，严格遵守定人定机凭证操作制度和纺织设备操作维护规程，按照"四项要求""五项纪律"规定，正确使用和维护纺织设备。

第二，认真做好日常点检工作，正确润滑设备；注意运转情况和设备清洁工作。

第三，做到"三好"，练好"四会"，配合维修工检查修理自己操作的纺织设备；保管好纺织设备附件和工具。

第四，认真做好交接班等工作。操作者最了解自己的纺织设备状况，要积极参与设备管理，充分发挥设备效能。不断提高操作人员的思想素质和技术业务素质，调动广大员工的积极性是纺织设备管理的工作重点。

四、纺织设备运转使用时的管理

（一）运转管理的基本任务

运转管理的基本任务有以下3条。

第一，把运转工人统一组织在快节奏、高质量、高效率的生产之中，以保证完成或者超额完成企业的各项生产计划。

第二，认真抓好工人操作技术，积极组织工人贯彻执行有关质量、原料、设备、工艺和空调等基础性技术管理工作。

第三，制订和贯彻执行各项运转生产管理制度，主要有运转工种岗位责任制度、交接班制度、质量责任制度、设备维护保养制度和文明生产制度等。

在企业各项技术管理中，运转管理与全体一线运转生产工人的关系最密切、最直接，要充分调动运转生产工人的积极性和自觉性，这样才能不断提高运转管理水平。

（二）运转生产管理工作

运转生产接触到许多管理工作，其目标都是为了建立一个正常、良好的生产运行秩序，确保生产任务按质、按量、按品种全面完成。运转生产管理包括生产调度、固定供应、质量检查、文明生产、容器管理、交接班管理等。

1.生产调度

在日常生产中，车间和班组经常会碰到一些情况：因工人缺勤和设备故障，影响了计划开台数；因细纱断头多，关键工序出错，影响了生产效率，造成前后供应脱节；因频频翻改品种，造成了新老品种生产不衔接；因本工序半制品储备量控制不严，造成时多时缺；因上工序供应不正常，影响了半制品数量供应等。这些情况都会在当班或稍后一点时间，造成供应脱节或积压，影响正常的生产。生产调度工作，就是针对以上可能发生或已经发生的情况，所采取的主动、有预见的调整、平衡和联系工作。

在全厂总体生产计划布置下，根据对本车间或本班组的生产任务要求，车间主任或班组长一般应该提前10～20min到达运转轮班，并及时了解掌握本车间（本工段）生产情况。同时了解下工序或者供应工序的工艺要求，做到心中有数，这样才能加强并做好本部门日常的生产调度工作，预防或减少不应有的波动，保证正常生产。生产上需要跨车间的调度，一般由厂部统一指挥进行。

2.固定供应

各生产车间按品种将第一道工序某一设备（或某一工人）生产出的半制品，在进入下一道工序继续进行生产加工直至加工为成品时，用规定的供应路线（应尽可能和工艺设计衔接起来）、标记、容器，对口固定下来，这就是固定供应。

固定供应实际是车间"生产组合"的主要组成部分。

（1）固定供应工作的主要内容：

①按品种规定上工序几号机台生产的产品，供应下工序几号车使用。

②规定各品种的半制品和成品的本身标记和容器标记，如采用打印记、画粉笔和不同颜色标记的条筒、筒管、经轴来区别。

③规定各班的标记和生产工人的责任代号。工人的责任代号可用代号纸嵌入或放进产品中，或在产品上做标记。纺织生产由于本身的特点和需要，历来都很重视固定供应工作，不但内容越做越细，而且办法越来越多。一般纺部的固定供应工作又较出色，产品从第一道工序原料投入清棉起一直到细纱甚至后加工，都实行了按机台为单元的固定供应。单纺厂一直到筒纱或绞纱出厂。

④固定供应生产线的确定方法。纺纱厂是以一套并条、粗纱工序的产量为基础，确定梳棉机、细纱机及织机相应的开台数量和车号。织造厂则以整经浆纱产量为基础，确定织机的开台数量及车号。

⑤固定供应也包括技术管理的要素，如有的厂为了尽可能降低细纱重量不匀率，对粗纱、细纱的固定供应中，采用粗纱机外排粗纱专供托锭式细纱纱架下排，里排粗纱专供细纱纱架上排的做法，以平衡和弥补由于里外排粗纱张力不同而带来细纱张力不匀和意外牵伸的缺点。在粗纱与细纱设立粗纱储备库、在细纱与整经之间建立经纱房，在细纱、络筒与织机之间建立纬纱房，做到本班使用本班的粗纱与经纱、纬纱，即采用了运转班次、机台、半制品的流动及产品完全固定，一旦出现意外（包括出厂质量责任）便于及时准确追踪查明问题、落实责任。

（2）运转生产实行固定供应的优点：

①有利于发现各条生产线供应上的薄弱环节，对"线"下措施加强调度，做好衔接平衡工作。固定供应也可看作是将车间的整体大生产，切成几条按每一品种生产的生产线（有时还将生产量大的同品种，再切成几条小的生产线），这些

生产线的前后供应路线比较明确，又有各自明显易识的标记，因此能够进一步促使生产有条不紊地进行。

②有利于减少和防止次品延伸，预防出厂质量事故。能够及时发现和暴露质量问题，有利于根据品种的生产供应路线和标记，在小范围内，集中目标，迅速进行跟踪追查和分析，加以解决，从而可以减少和防止次品延伸，避免因此而造成的质量事故和经济损失。

3.质量检查

对半制品和成品的质量检查工作，是运转生产管理工作中十分重要的内容。车间和班组都要根据本部门的质量指标、质量要求和实物标样，在运转生产过程中进行专职检查、自查和互查。纺织厂的运转管理质量检查工作分为3级，分别是运转过程中的专职检查、班组长检查、车间级检查。

4.文明生产

文明生产有广义和狭义两种，通常广义是指先进的生产工艺与设备、科学的劳动组织、良好的生产秩序、优美的工作环境等；狭义则着重反映在生产秩序和劳动环境上。总之，文明生产状况如何，将直接反映出一个工厂、一个车间的精神面貌和生产管理水平。纺织行业作为由劳动力密集型向科技密集型过渡的企业，反映在生产秩序和劳动环境上的文明生产显得非常重要。

5.容器管理

纺织厂各道工序都有数量众多的容器，如棉卷扦子、棉条筒、粗纱管、细纱管、槽筒管、经轴、织轴、布辊以及专用袋皮、竹箩、专用车辆等。这些容器是否使用正确，是否保养得当，都会影响日常生产和产品质量。如筒管色泽标记不明显，容易混淆产品品种，发生错支；棉条筒筒口有毛刺，棉条会发毛，产生偶发性纱疵；袋皮不清洁，会使棉纱油污并最终导致布面的油疵；容器不及时修理和充实，会导致生产脱节甚至停顿等，这些都是在运转生产中经常遇到的。搞好容器管理的目的，就在于预防和减少这些影响质量和产量的不正常现象，以保证生产顺利进行。故在运转管理中，要求把容器管理工作列为运转生产管理工作的基本内容之一，加强领导，要指定专职或兼职人员负责容器的具体工作。

6.交接班管理

交接班的主要内容和要求包括如下4方面：

（1）各工种交班者，应在交班前的30min左右，各自认真做好设备的清洁工作，检查设备零部件及附件情况；为下班存放和储备好规定数量的半制品；清扫工作场地；做好本人当班产量的标记或记录，产品质量、机台运转情况记录，对于无梭织机，要记录停台原因及次数。当班轮班长要及时进行巡回检查。根据交班以交清为主的原则，对不符合制度规定和要求的，要按要求重新补交。对当班产生的一般坏车，要做到当班修好再交班。

（2）各工种交班者，应向对口接班者介绍各自的生产情况。交班的轮班长，除了写好交班记录外，还要口头向接班的轮班长全面地介绍本班生产情况，特别要将本班有关原料、工艺设计、固定供应、容器等变动情况和不正常的设备以及翻改品种等方面情况作为交班重点，交代清楚，且双方会同巡视现场。

（3）接班工人和接班轮班长，应按规定提前15~30min进车间实行对口交接，未经交接，交班者不得擅自离开岗位。接班者以检查为主，对重要、关键的生产部件，要逐眼、逐锭、逐台检查有否走动、有否缺件，认真把好质量关，关键机台实行动态检查交接班（如梳棉机针布状态、棉网状态）。接班轮班长对交班轮班长所记录和介绍的生产情况，要巡回了解和检查，及时做好当班的生产准备工作。

为了保证交接班工作正常持久地进行，车间主任每天上班后应在第一时间到轮班办公室查阅交接班记录，亲自到场检查交接班制度执行情况，及时、正确处理好在交接班中出现的争议问题，以确保生产秩序稳定。

第三节　纺织设备的维护保养管理

一、纺织设备的维护保养

纺织设备的维护保养是操作者为保持纺织设备正常技术状态，延长使用寿命所必须进行的日常工作。通过擦拭润滑、调整等方法对设备进行护理，以维持和保护设备的性能和技术状况，称为设备维护保养。设备维护保养是操作者主要职责之一。纺织设备维护保养应按"四项要求"的规定进行。纺织设备维护分日常维护保养和定期维护保养。定期检查和设备润滑也是设备维护保养的重要内容。

（一）日常维护保养

纺织设备日常维护保养是设备维护的基础工作，由每班操作者或专人负责进行。每班维护要求操作者或专人班前要对纺织设备进行点检，查看有无异状，润滑油是否按规定加油，安全装置及电源等是否良好。冷车先空车运转，检查润滑情况，设备各部分是否正常。电气系统保养有专业电工负责进行。

纺织设备运行中要严格遵守操作规程，注意观察运转情况，发现异常立即停机处理。当设备出现故障时，要及时排除，不能带病运行。故障较大不能处理时，应交维修队检修。节假日前，设备停车后，应对设备进行较彻底的维护保养。认真清扫纺织设备，清除油污，达到维护保养的"四项要求"，并认真组织检查考核设备维护保养质量。

（二）定期维护保养

纺织设备的定期维护保养工作要制订工作定额和物资消耗定额，并按定额进行考核，设备定期维护保养工作应纳入部门承包责任制的考核内容。设备定期维护保养的检查手段以人的感官和简单的检查仪器为主，按规定的时间和项目进行。定期检查也称为定期点检，通过检查确定纺织设备实际性能的优劣程度。

设备定期维护保养的项目应根据各类纺织设备的特点和有关规定来制订，不同纺织设备保养的项目存在差异。纺织设备定期维护保养项目大致如下：拆卸指定部件（箱盖及防尘罩等），彻底清洁设备内外；清洁各滑动面，清除产品通道上毛刺及划伤痕迹；检查工艺隔距，紧固松动螺钉，更换损坏部件；检查润滑状态；补齐缺少机件，保持设备完整；维修电工负责电气线路及装置的检查和调整。定期维护保养后的纺织设备达到机器整洁，油路畅通，操作灵活，运转正常。

二、关键纺织设备的使用维护保养

关键纺织设备是企业生产极为重要的物质技术基础，是保证实现企业经营方针与目标的重点设备。对这些设备的使用维护保养，除按一般设备要求外，还必须按其特点执行其特殊要求。

（一）使用维护保养的特殊要求

第一，对工作环境有特殊要求的纺织设备，应采取相应的措施来保证设备性能。

第二，对安装基础提出特殊要求的纺织设备，要定期检查、调整安装水平和设备精度。

第三，部分特殊部件不得随意拆卸，应由专职检修人员进行。

第四，设备不许超负荷、超性能使用，不允许带病运转。

第五，润滑油料按规定使用，不得随意更替。

（二）维护保养管理的"四定"

1.定使用人员

要选择本工种中责任心强、技术水平高和实践经验丰富者担任操作员，并保持长期稳定。

2.定检修人员

若有条件应设置专业维修组，专门负责这类纺织设备的检查、维护、调整和修理。

3.定维护保养规程

按纺织设备的机型及结构特点，逐台编制各自的维护保养规程并严格执行。

4.定备品配件

了解备品配件来源，确定储备定额，优先安排预防维修计划，优先解决备品配备，减少对生产的影响。

三、纺织设备的三级保养制

纺织设备的三级保养制是在总结德国计划预修制在我国实践的基础上，逐步完善起来的一种保养修理制，主要体现在纺织设备维修管理的重心由修理向保养的转变，是以预防为主的维修管理手段。三级保养制主要指：纺织设备的日常维护保养、一级保养和二级保养。

（一）纺织设备的日常维护保养

纺织设备的日常维护保养，一般有日保养和周保养，又称日例保和周例保。

（二）一级保养

一级保养以操作者为主，维修工协助来完成。任务是对设备局部的检查，清洗规定部位、疏通油路、调整设备工艺隔距、紧固设备部件等。

（三）二级保养

二级保养以维修工为主，操作者参加来完成。二级保养列入设备的检修计划，对设备进行部分解体检查和修理，更换或修复磨损件，清洗、换油、检查修理电气部分，使设备的技术状况全面达到设备完好标准规定的要求。

四、典型的纺织设备维护

（一）梳棉机主要部件的整修

1.给棉板和给棉罗拉的整修

给棉板及给棉罗拉整修的原因分两种，即磨损变形和异物损伤。异物损伤是由于异物喂入和隔距过小与刺辊接针造成。

（1）给棉板和给棉罗拉损伤的修整：

①用锉刀或刮刀修理损伤部位，去除异常突起部分。

②砂纸打磨，去除毛刺。

③用铜焊焊补缺损部分。

④用锉刀、刮刀、砂纸粗修焊补部分，使其和工作面基本平齐。

⑤给棉板平面刮削，刮削质量要求达到中等平面质量要求，即25mm×25mm面积内的贴合点达到8~15点。

⑥用细砂纸或抛光机将给棉板打磨光滑。

（2）给棉板变形的检查，给棉板受压部位横向母线直线度<0.05mm，如果差异太大，易造成棉卷加压不均匀，给棉罗拉对纤维的握持力差异较大，从而使刺辊对纤维的梳理横向差异较大，可以根据所纺纤维的类别、生条质量要求等因素来决定是否修理或更换给棉板。

2.盖板铁骨的检修

（1）外观检查：

①检查盖板铁骨有无裂痕、缺损，如有，需更换盖板铁骨。

②检查铁骨条有无磨损、生锈，如有，需打磨去锈。

（2）盖板铁骨技术要求的检查：

①盖板铁骨条大平面的平面度检查，平面度差异≤0.05mm，如果差异过大时，需更换或修理。

②盖板铁骨踵趾面差的检查，差异=（0.56±0.03）mm，如果差异过大时，需更换或修理。

③盖板铁骨两端踵趾面扭曲的检查，差异≤0.02mm，如果差异过大时，需更换或修理。

3.拆装FA231A型梳棉机锡林轴

（1）拆卸前后罩壳，并把罩壳顶盖拆下两边立柱、底板、罩壳等与机体相连的罩壳全部拆除。

（2）拆卸活动盖板（按照盖板转动相反方向拆卸），拉开三罗拉和道夫，尽量与锡林保持最远距离。

（3）先拆下匀整器，后拆给棉电动机，抬下给棉板，拆下除尘刀及其两边的除尘刀固定托脚。拆下后导流板，再拆卸大漏底。拆大漏底时，要从后面拿出。

（4）拆卸锡林上的前后罩板、前后棉网清洁器、固定盖板、前后曲轨以及活动盖板的两个支撑托脚和盖板齿轮箱；先把盖板刷辊、清洁辊抬下，再把后部托脚结合件两边的销子打出，拆卸下来，从右侧把后托脚轴承盖打好，用拉马拉出右侧托脚，拆下整个后支撑托脚结合件，然后拆卸中曲轨和锡林墙板。

（5）拆下锡林两边的皮带轮和锡林轴承座上端盖，用专用工具或千斤顶顶在锡林轴上，把锡林顶起，把两边锡林轴承底座拆下来，在锡林底部铺上软木或损伤不到锡林针布的物体，并把锡林固定住，拆下锡林轴承。

（6）拆下锡林筒体两边的端板，松开锡林筒两边固定轴的螺栓，从一侧敲出锡林轴。

（7）安装锡林轴时，按照与拆卸锡林轴相反的步骤安装并调试。装完锡林轴后，重新校正锡林四角，装上墙板，用专用工具定好墙板位和筒体隔距，装上曲轨和后支撑托脚结合件，复查墙板与简体隔距，然后安装并调试前后单板、固定盖板棉网清洁器、与锡林的隔距，调试道夫、剥棉罗拉隔距，装上刺辊定好位，再抬下刺辊，装上大漏底、小漏底，并用专用工具找出隔距，调好分梳板、托棉板隔距，抬上刺辊并固定住，安装调试第一第二除尘刀隔距，安装给棉板，调节给棉罗拉与给棉板、给棉板与刺辊隔距，最后装上并调节活动盖板和各部罩壳。

（二）梳棉机易损部件产生的原因和检修方法

1.传动齿轮异响

传动齿轮异响主要因各传动齿轮齿尖磨损、偏心、啮合不良，或铸铁齿轮表面过于毛糙。各传动齿轮磨损超过1/3时，应调换新件。齿轮偏心应小于0.5mm。齿轮啮合，一般掌握铸齿为3∶7搭铣齿为2∶7搭。铸齿表面过于毛糙，应修理或调换好的。各齿轮轴不平行、不垂直（正交圆锥齿轮）或齿轮轴孔和轴间隙过大。按工作法安装各传动齿轮系，严格要求各齿轮轴平行或垂直，使齿轮啮合平齐，吃力均匀，传动正确，并正确掌握各齿轮轴孔和轴的磨灭限度.超过规定者应及时修理或调换新件。此外，还有轴承损坏、缺油、调换轴承、及时加油等。

2.圈条成形不良

圈条箱直立轴或小压辊轴弯曲，致使圆锥齿轮啮合时松时紧，传动不正常。用专用工具校正轴弯曲一般掌握圈条箱直立轴与上、下轴承间隙不宜过大，否则影响齿轮系正常运转。圈条箱直立轴与上、下轴承间隙过大，可采用烧焊圈条箱直立轴、轴承镶套管、调换含油轴衬等方法进行修理。如磨损严重时，要调换新件。一般修理后，直立轴与轴承间隙要小于0.2mm。

圈条齿轮中心与底盘中心的偏心距不对，圈条盘与圈条座不平齐，进行检修和校正。圈条斜管内有污垢、毛刺，钢球和钢丝跑道磨损或接头不良，解决方法为用旧砂纸进行打光，并擦以滑石粉，调换磨损的钢球，如钢丝跑道磨损程度不超过0.4mm，可调转180°再使用。

3.轴承发热、震动和漏油

引起发热的原因有轴承缺油或严重磨损，轴与轴承配合过紧或轴承位置不正，传动带过紧。应换掉轴承，调节传动带张力。引起震动的原因有轴承上盖与轴承间隙过大，轴头偏弯轴与轴承间隙过大，轴承座螺丝松动。检修方法是检修校正轴承上盖，校正轴头或调换，配合适合轴承并缩小间隙，校正轴承座并紧固螺丝。

引起漏油的原因有加油过多，轴承座与上盖不密合。检修方法是按加油规定适量加油，锉修校正或调换新的轴承。

（三）细纱机的易损件

易损件主要是一些长期高速运转、上下升降、来回往复时产生了松动、变形、磨损等的机件。细纱机易损件主要集中在牵伸、车头传动和加捻卷绕部位。

1.牵伸部分罗拉及罗拉颈部

由于罗拉座及轴承座的润滑不良及棉花充塞啮合过紧而发热，致使表面退火毛糙。

2.车头各部齿轮

由于齿轮啮合可能出现过紧过松现象，如啮合过紧，齿顶没有间隙，使齿轮产生磨灭或断齿；如啮合过松，齿顶间隙大，运行中产生冲击，会加快齿轮磨损。

3.车头各部轴轴孔轴承座

由于负荷重、速度快、安装不良、缺油等，易造成磨损、轴弯曲等。

4.滚盘轴承和罗拉滚针轴承

由于轴承套筒与轴不紧或因轴承损坏使轴表面磨灭。滚针轴承损坏是由于外圈与轴承壳压配过紧，使外圈变形或缺油、轴壳内有异物等原因造成。

5.成形链条

由于牵动负荷过重，没有润滑条件，在一定部位中磨灭较多而损坏。

6.卷捻部分

大小升降轴、套筒钢领板上的升降滑轮等，由于升降柱不垂直，套筒平装不良，螺丝松动，造成成形不良。

7.卷捻部分锭带盘及轴承

由于高速回转中缺油，振动飞花卡塞而损坏。

（四）细纱机主要牵伸元件的维护

牵伸装置的主要元件包括罗拉、下罗拉轴承、上罗拉轴承、胶辊、胶圈、集合器、横动装置等。

1.罗拉

罗拉是牵伸机构的重要部件，生产中对罗拉的要求如下：

（1）罗拉直径要与所纺纤维长度、加压负荷相适应。

（2）具有正确的沟槽，符合规定的齿形与表面光洁度，以保证既能充分握持纤维，又不损伤纤维。

（3）具有足够的抗扭与弯曲刚度，以保证工作正常。

（4）具有较高的制造精度，保证零件的互换性，减少机械因素对牵伸不匀的影响。

（5）用20号钢渗碳淬硬或45号钢高频淬硬，要求表面硬度达HRC78～81.5，而中心层保持良好的韧性，达到既耐磨又能校正弯曲的要求。

罗拉日常保养主要有：罗拉日常的加油、清理罗拉沟槽中的杂物油污，同时加油时检查罗拉是否有径向跳动，如有径向跳动，应进行罗拉的校正。

2.下罗拉轴承

罗拉轴承与一般传动轴的轴承一样，可分为滑动轴承与滚动轴承两大类。FA506细纱机使用滚针轴承。通常罗拉轴承在使用时必须注意以下3个问题：

（1）短绒与飞花问题。

（2）纱线油污问题。

（3）轴承高低位置的调整。

下罗拉轴承日常保养主要有：擦车时，将罗拉拾下来，将其中的夹花及油污擦干净，同时可以进行更换胶圈等操作。结合擦车，在运转状况下，用油枪加油，新油挤入时，将轴承内的脏油和积聚在轴承两端的飞花挤出，并用揩布擦去油污等。加油周期约半个月。

罗拉镶接时，相邻的两节应拧紧，其拧紧力矩为78.4Nm左右。另外还要进行上罗拉轴承轴向和径向游隙的检查的测定。一般新购回的罗拉轴承也有一定的轴向和径向游隙，在使用过程中，随着使用年限的增加，轴承轴向和径向游隙会增大，影响纱线质量。通常下罗拉轴承轴向游隙超过0.03mm，径向游隙超过

0.50mm就会影响成纱质量，必须更换。

3.上罗拉轴承（胶辊轴承和胶圈罗拉轴承

上罗拉轴承采用双列滚珠轴承皮辊。和上罗拉轴承一样，下罗拉轴承需要对罗拉轴承轴向和径向游隙的检查的测定。测定和检查方法同上。通常上罗拉轴承轴向超过0.20mm，径向游隙超过0.08mm就会影响成纱质量，必须更换。一般上下罗拉轴承使用6~8年就应当报废。

4.胶辊

胶辊的选用主要依据是纺纱品种和产品的质量要求，生产中选用胶辊遵循以下原则：

（1）纺纯棉细特及超细特纱，选用硬度为邵氏A型63~68的软弹性胶辊；纱线越细，硬度越低，若条件许可，最好选用铝衬套不处理胶辊。

（2）纺化纤与棉混纺中细特纱，一般选用硬度为邵氏A型70~78双层结构胶辊；在不处理胶辊适纺性过关的前提下，可选用不处理胶辊。

（3）纺纯化纤、纯棉及混纺粗特纱，一般选用硬度为邵氏A型80以上的胶辊，没有必要选择价格较贵的铝衬套胶辊及不处理胶辊。

胶辊日常保养：每一次揩车时，应将胶辊取下，换上表面清洁的胶辊，通常6个月左右进行各档中上罗拉和胶辊加油。同时对丁氰套重新磨砺，进行酸处理。胶辊磨砺时，应严格防止磨砺不良而产生的偏心、锥度、波浪形等。

5.胶圈

胶圈是控制纤维运动的主要部件，要求用丁腈材料、结构均匀、表面光洁、圈形圆整、弹性好、耐磨、耐油耐老化、吸放湿性能好、伸长小，胶圈的长、宽、厚及内径需严格控制在规定的公差范围内。胶圈与销子间的摩擦阻力，会形成胶圈打顿或中凹，要降低胶圈钳口的压力波动，尽量减少胶圈与销子的摩擦。上下胶圈合理配套，上胶圈厚度为0.85mm，下胶圈厚度为0.95mm，这是因为下胶圈是主动，应当厚一些，上胶圈是被动，薄一些较好。

胶圈日常检查：

（1）每次揩车，应逐只检查胶圈表面状态，剔除不光滑者，并补以新圈。通常每3个月清洁1次胶圈，清除油污物并进行酸处理。

（2）检查下胶圈张力架是否失效，失去弹性，防止出现吊胶圈现象。

6.集合器

集合器的作用在于收缩纱条宽度，减少加捻三角形，使纱条在比较紧密的状态下加捻，促使成纱结构紧密、光滑，减少毛羽，提高强力。集合器还能阻止边纤维散失，减少飞花，有利于减少绕胶辊、绕罗拉和节约用棉。因此，在细纱机前牵伸区应用集合器是生产中的熟练经验。目前，大多数工厂采用下开口式集合器。各种纱特应选用相适应的集合器口径。

注意正确使用集合器，减少成纱毛羽，提高成纱强力，保持光滑。

7.横动装置

细纱机的横动装置能使纱条在胶辊上的左右部位规律性位移，而起保护胶辊表面的作用，减少胶辊、胶圈中凹，有利延长胶辊、胶圈的寿命，提高成纱条干均匀度。

日常检查与保养：注意喇叭口口径与粗纱定量的选择，检查喇叭口是否光滑，是否有松动，横动往复动程是否一致。

（五）细纱机加捻卷绕元件的保养

保证加捻卷绕部分的机械状态正常，对成纱质量至关重要。加捻卷绕部分元件不正常会导致气圈形态波动，产生突变张力而增加断头，特别是个别锭子重复断头。因此在机械平装和维修时，应要求导纱钩、锭子和钢领三中心在同一直线上；消灭摇头锭子、跳筒管、钢领起伏、导纱钩和钢领板不水平及升降不灵活、导纱钩起毛等现象，应加强主要部件的保养。

1.锭子

锭子是加捻卷绕的重要机件之一，要求锭子振动小、转动平稳、功率小、磨损小、结构简单、维修方便。但随着细纱机单位产量的提高，锭子速度基本在14000～17000r/min左右，因此在高速运动中，经常出现振动、麻手、下沉，锭杆也会因承受外力而产生弯曲，影响高速运转的平稳性，影响成纱捻度和增加断头。歪锭子则会造成毛羽，造成断头增加。

锭子的日常保养主要有：锭杆弯曲或锭子磨灭超过限度，应及时修复或更换。定期清洗锭脚，给锭子适当加油，以保证锭子高速运转。检查锭子是否麻手、摆头，如有这些情况，需及时更换。更换下来的锭子在锭子房进行处理。同时应注意锭子底部和头部与筒管紧密配合，下口间隙一般在0.1～0.25mm，运转中发现跳筒管时，应立即取出该筒管，以免影响锭子使用寿命。

2.钢领、钢丝圈

钢领是细纱加捻和卷绕的主要元件，虽然自身不转动，但接受钢丝圈的高速摩擦，因此钢领也是高速元件。由于钢丝圈的高速回转，经过一段时间生产后，钢领的内外跑道会出现磨痕，将影响钢丝圈的正常回转，造成纺纱张力不稳定、钢丝圈飞圈、断头增加等现象。应及时更换钢丝圈，对钢领定期进行检查和修理。

平面钢领的使用周期为12个月，6个月回磨1次；锥面钢领的使用周期为16个月。但随着产品生产的小批量、多样化、改号次数的增多，钢领的使用周期缩短为：平面钢领4个月回磨1次，10个月报废；锥面钢领13个月报废。这样才能减少断头，保证成纱质量。钢领的修理方法有水磨、喷砂、喷球、轧光等。

钢丝圈是加捻卷绕中最小的器材，但其作用不可忽视。在生产中，钢丝钩号数选择得当，对稳定气圈状态控制纺纱张力波动、减少毛羽产生有一定的作用。钢丝圈依据工艺单进行调换。一般来讲，产品变更，钢丝圈也要相应变更。

钢丝圈的日常检查首先看钢丝圈是否按周期更换，若超过使用周期，应立即更换。其次，要检查清洁器是否有效，若遇清洁器缺失、清洁器与钢领距离偏大，应补清洁器或调小隔距。

细纱机在运转生产过程中，受到摩擦和振动，使部分机件产生不同程度的磨损变形或走动，故必须定期进行小修理。其任务就是修正部分机件的磨损和走动，校正平直，恢复和提高机械性能，做到工艺上车合格，使机器经常处于良好状态，以达到优质、高产、低耗、安全生产和延长机器使用寿命的目的。

（六）牵伸部分的修理

牵伸部件的修理质量与纱线质量有着极其密切的关系，该部位主要有罗拉、前后胶辊、上销、下销、摇架、车头牵伸齿轮等部件。

1.细纱机牵伸部位的修理要求

一是做好工艺上车，二是部件装配质量要做到"四正"、部件配套、通道光洁。具体如下：

（1）"四正"：隔距正（即上下罗拉、钳口隔距正），加压正[即前、中、后胶辊（上销）压力达到设计要求]，平行度正[即前、中后胶辊（上销）与罗拉轴线的平行度正]，啮合正（即牵伸齿轮啮合正）。

（2）部件配套：同台车胶辊规格要一致。

（3）通道光洁：导纱杆、摇架支杆、喇叭口、胶辊表面要光洁。

因此，对牵伸部件的工作应做到：罗拉平直、回转平稳、上下罗拉平行、加压一致、通道光洁并符合工艺要求。

2.牵伸部分修理的项目

（1）检查罗拉沟槽是否有磨损、轧伤损伤，如有，应及时更换。

（2）检查罗拉轴承磨损情况，超限者应予调换。

（3）检查罗拉的偏心、校正罗拉的悬空颈弯和中弯。

①在生产中常出现罗拉径向跳动和轴向的窜动等现象，罗拉的跳动与罗拉的径弯有关，通过手感和百分表测量。罗拉的中弯通过百分表测量。将百分表的测头指在前罗拉沟槽中部，转动前罗拉，即可在百分表上看出罗拉的中弯、偏心状态。颈弯测量和中弯测量一般百分表的指针保证在3格以内。

②校正前后罗拉颈弯和中弯。修理罗拉偏心、校正悬空、颈弯、中弯时，一般在测得中弯高点后，可用罗拉校直器进行校正，一般在罗拉镶接处中弯较大，故先应校正。在一节罗拉上，各沟槽中弯方向一致时，应选择中弯最大一处先校，如弯曲方向不一致（扭曲）时，就要仔细分段校正，先校大弯后校小弯。在校罗拉中弯后，要注意复查颈弯，以免相互影响。若前罗拉偏心超过限度时应予以调换。

用罗拉校直器校直罗拉颈大弯，其目的是避免因弯曲而影响罗拉总长度，有利于校正罗拉进出高低位置的正确性。

（4）罗拉座检查与修理：在校正罗拉的过程中，若罗拉座磨损或高低有问题，高低校正应为挫高垫低，同时保持罗拉座与罗拉垂直。

（5）摇架的左右位置的调整与修理；摇架的左右位置应使胶辊与罗拉沟槽对准，高低位置应符合规定，加压杆前后位置符合工艺要求。用摇架定位规校正摇架的左右位置，位置决定后，可将摇架上的紧定螺丝支紧于摇架支杆上。

（七）车头牵伸传动系统的检查与修理

伸传动系统齿轮的相对位要求做到轴心平行、侧面平齐、啮合适当，使齿轮在运转时震动小、无异响、磨损少。在平装前、中、后罗拉轴套及轴承座时，用手感或用测微片探测罗拉头与轴承座及第一罗拉座的接触情况，要求无悬空现象，然后旋紧轴承座盖，要求各罗拉回转灵活。车头齿轮、牵伸齿轮、成形齿轮和芯轴，轴承分解措清，检查磨损并修正；拆洗成形链条及分配轴并加油；检查车头及牵伸部分各变换齿轮。

在钢领板升降运动中，易出现顿挫现象，一般可以从以下方面检查其原因：检查成形部分螺丝是否紧固，链条是否磨损，成形凸轮是否磨损，蜗轮蜗杆之间啮合是否良好等。

叶子板角铁的高低和左右位置：定期对叶子板位置校正，可以防止起始位置纱线碰撞筒管顶部。一般叶子板高度定位在纺纱起始位置凸轮最低处，以纱线不碰筒管顶部为准。导纱板角铁的左右位置的校正：以车头第一只导纱板螺孔为基准，用吊线锤的方法，使其与第一只锭子中心对准，若有偏差可校正导纱板升降杆上下轴承座的左右位置。校正导纱板角铁高低位置时，可将钢领板导纱板高度规放在机梁上，逐根拉正导纱板角铁的高低，平装导纱板角铁必须在始纺位置进行。

第四节　纺织设备的润滑管理

一、设备润滑基本概念

（一）摩擦分类

按摩擦的运动状态分静摩擦和动摩擦。

按摩擦的运动形式分滑动摩擦和滚动摩擦。

按摩擦的润滑状态分干摩擦、边界摩擦、流体摩擦和混合摩擦。

（二）磨损

摩擦是阻止两物体接触表面做相对切向运动的物理现象，磨损是摩擦所产生的必然结果，润滑是控制摩擦、减少磨损的有效手段。世界上的能源消耗，约有三分之一消耗在磨损上，而且80%的损坏零件是由磨损造成的。

因此，搞好设备润滑管理对提高设备的可靠性、延长设备的使用寿命和节省能源都起到重要作用。正确选用适当的润滑剂来润滑两摩擦面，可以控制摩擦，减少磨损，从而减少因磨损所造成的设备故障和能源浪费，保证设备的正常运转。

零件表面凹凸不平在摩擦时会产生磨损，磨损是物体在摩擦中相互作用的结果。在零件相互摩擦过程中，会从摩擦表面分离出材料颗粒，使零件改变外形和尺寸，零件表面相互接触处还会发生弹性或塑性形变，产生一系列物理、化学和力学现象，如有热作用、氧化作用、机械作用、疲劳作用和吸附现象等，致使零件磨损。

1.磨损的基本分类

黏着磨损、磨粒磨损、疲劳磨损、腐蚀磨损。

2.磨损规律

机械零件的正常磨损过程大致可分为3个阶段，即磨合磨损阶段、正常磨损阶段和急剧磨损阶段。

（1）磨合磨损阶段（走合阶段）：设备使用初期，由于零件加工表面较粗糙，摩擦磨损及产生的微粒造成的磨料磨损，使磨损十分迅速。这一阶段应选择较低负荷、较慢转速、合适的润滑剂，经一定时间运行（走合期），走期完成后应当清洗换油。

（2）正常磨损阶段（工作磨损阶段）：随着零件表面粗糙度减少，实际接触面积不断增加，单位面积压力减少，形成正常工作条件。这时磨损已经稳定，磨损速度较小，持续时间较长，是设备正常使用期。这期间要做到合理使用和正确维护保养，合理润滑是关键。

（3）急剧磨损阶段（强烈磨损阶段）：由于零件磨损，使外形和尺寸改变、表面质量变坏、间隙增大、润滑条件不良、运转时的附加冲击载荷等，使磨损速度加快，最后导致零件完全失效。这一阶段是故障和事故的易发期。因此，要采取合理监测手段和修理措施，特别是合理地润滑，防止设备精度和效率显著下降。

3.减少磨损的方法

（1）合理润滑：采用合适的润滑材料和正确的润滑方法，尽量使用液体润滑及增加润滑添加剂等合理润滑手段。

（2）正确选择材料以提高耐磨性：对于抗疲劳磨损，可使用有害杂质较少的优质钢材，或使用抗疲劳的合金材料等，延长使用寿命。

（3）进行表面处理：可采用多种表面处理方法来改善零件表面的耐磨性，如各种化学表面处理、塑性涂层、耐磨涂层镀铬等。

（4）采取合理的结构设计：合理的结构设计是减少磨损和提高耐磨性的有效途径。

（5）保持良好的工作条件：避免过大的载荷及过高的运动速度，创造一个良好的工作环境。

（6）保持优良的设备质量：包括零部件加工质量、设备装配质量和修复质量等。优良的设备质量是防止和减少磨损的牢固基础。

（7）正确地使用和维护：严格遵守操作规程和其他有关规章制度。加强设备管理和人员培训，正确使用和维护设备。

二、纺织设备润滑管理的任务

（一）润滑管理的意义

润滑在设备传动和保养中起着重要作用，是防止和延缓零件磨损的重要手段之一。润滑能影响设备性能、精度和寿命。企业在使用设备时，按技术规范的要求正确选用各类润滑材料，并按规定的润滑时间、部位、数量进行润滑，可以降低摩擦、减少磨损，从而保证设备的正常运行、延长设备寿命、降低能耗防治污染。搞好设备的润滑工作，可以直接提高企业的经济效益。润滑管理是企业设备管理中重要的一环。

润滑管理工作必须达到下面的要求：正确合理地润滑，保证纺织设备正常运转，防止事故发生；延长纺织设备使用寿命，减少事故与故障；降低摩擦阻力、机件磨损和能源消耗；防止纺织设备的跑、冒、滴、漏、治理泄漏，避免浪费；进口纺织设备用油国产化，减少对进口油品的依赖。

（二）润滑管理的目的和任务

1.润滑管理的目的

设备润滑管理就是控制设备摩擦、减少和消除设备磨损的系列技术方法和组织方法。

（1）正确地润滑设备，减少设备磨损，延长设备寿命。

（2）保证设备正常运转，防止发生设备事故。

（3）减少摩擦阻力，降低动能消耗。

（4）提高设备的生产效率，保证企业获得良好的经济效益。

（5）合理润滑，节约用油，避免浪费。

2.润滑管理的基本任务

（1）建立健全纺织设备润滑管理的方针与工作目标。

（2）确定管理的组织形式，拟订规章制度，建立各级管理人员的工作职责和工作标准。

（3）编制润滑材料计划和设备润滑技术资料，核定设备润滑材料及其消耗定额等。

（4）积极开展纺织设备润滑的定质、定量、定时、定点、定人的"五定"工作，使纺织设备得到正确、合理、及时的润滑。

（5）检查与监测纺织设备润滑状态，及时解决存在的问题。

（6）采取积极措施，治理设备跑、冒、滴、漏现象。

（7）做好有关人员的技术培训工作，提高润滑技术水平。

（8）总结推广和学习应用先进的润滑技术和经验，改进设备润滑条件，实现科学管理目标。

三、纺织设备润滑管理的机构与制度

（一）润滑管理组织

合理地设置各级润滑管理组织，配备适当人员，这是搞好设备润滑的重要环节。企业设备润滑管理组织机构一般有两种形式，即集中管理形式和分散管理形式，分别适合不同规模的企业。

1.集中管理形式

这种组织形式主要适用于中小型企业。在企业设备部门下设润滑站和专职润滑技术人员，直接负责全厂各车间的润滑工作。这种管理形式的优点是有利于合理使用劳动力和各种资源，有利于润滑工人专业化，提高工作质量和管理水平。

2.分散管理形式

这种组织形式主要适用于大中型企业。在设备动力部门设润滑总站，各分厂设润滑分站。这种形式的优点是润滑人员对本部门设备熟悉，有利于生产配合。缺点是技术力量分散，容易忽视润滑工作。

（二）润滑管理制度

润滑管理的规章制度主要有润滑"五定"、设备清洗换油、废油回收、润滑材料管理等。在润滑主管工程师的组织协调下，依靠各级设备管理人员把设备的润滑工作做好。

1.润滑材料入库及库房管理制度

（1）供应科根据润滑材料申请计划，按要求的牌号、质量和时间及时采购。

（2）做好收发油料记录和登账。按车间分类，每月定期汇总上报有关部门。如某种润滑材料数不足时，应及时采购。

（3）润滑材料入库之后应妥善保管，以防混杂或变质，不得露天堆放。

（4）润滑材料进厂后由化验部门对油品进行检验，合格方可使用。

（5）油料必须要进行三级过滤。

（6）保持库内清洁整齐。

（7）润滑材料库存两年以上者，须由化验部门重新化验，合格者才能使用。

（8）油库建筑设施，必须符合有关安全规程，严格遵守安全防火制度。

2.润滑材料的管理制度

纺织设备润滑材料的正确管理是搞好润滑工作、保证纺织设备正常运转的物质基础。润滑材料的及时检验、合理保管和正确使用是润滑材料管理的主要内容。

（1）润滑主管工程师负责编制润滑材料申请计划，由采购供应部门负责按品种数量采购。

（2）润滑站负责对入库的润滑材料进行取样检验，检验合格后，方可入库。对入库两年以上的润滑材料要重新取样检验。

（3）润滑材料入库要对检验合格的油脂做好标志，分牌号、分区域存放。

（4）润滑材料的储备要适应市场经济的特点，利用社会渠道，减少企业库存，避免材料的积压和报废。

3.纺织设备的清洗换油管理制度

纺织设备清洗换油制度的主要内容有以下5点。

（1）制订各类纺织设备的清洗换油周期与计划。

（2）换油工作一般以润滑工为主，由车间设备员验收。

（3）清洗换油时，要认真清洗设备油池、滤网和滤油器。

（4）换油后，由操作工人负责试车检查，确认润滑和液压系统工作正常后方可正式使用。

（5）每次换油后认真做好记录，包括所换部位的油质、油量、日期等，发现问题应及时处理。

4.纺织设备润滑"五定"管理制度的内容

纺织设备润滑"五定"是指对润滑工作实行定点、定质定时、定量、定人的科学管理。

（1）定点：明确每台纺织设备的润滑部位、润滑点和检查点。要求操作工人、润滑工人必须按润滑图表规定的部位和润滑点进行加油、换油，检查液面高度及供油情况。

（2）定质：确保润滑材料的品种和质量，所加油质必须经化验合格。必须按照润滑卡片和图表规定的润滑剂种类和牌号加油、换油。对润滑油实行入库过滤、发放过滤和加油过滤的"三过滤"规定，保证油质洁净度。润滑装置和器具完整清洁，防止污染油料。

（3）定量：按规定的数量对润滑部位进行日常润滑，实行用油定量消耗、废油定额回收漏油及时治理，做到保证润滑和避免浪费。

（4）定期：按规定的加油、换油时间加油和换油，按规定的间隔时间进行抽样化验，按计划清洗换油。

（5）定人：明确有关人员对纺织设备润滑工作的责任，当班保养加油工负责对纺织设备的日常加油部位实施班前和班中加油润滑，并规定负责抽样送检的人员。

5.润滑工作各级责任制

润滑主管工程师的职责有以下内容。

（1）负责设备润滑管理工作，制订各项管理制度及有关人员的岗位职责。

（2）制订设备润滑材料消耗定额，提出需用申请计划上交供应部门及时采购。

（3）协同试验部门对油品质量进行检测，出现问题及时提出解决措施。

（4）编制设备润滑图表和有关润滑技术资料，供有关人员使用。

（5）指导维修和润滑工人处理有关设备润滑技术问题。

（6）对润滑系统有缺陷的设备，向有关部门提出改进意见。

（7）指导废油回收和再生。

（8）学习设备润滑管理经验和先进技术资料，提出设备润滑的合理建议，及时总结经验并推广至全厂。

润滑工人的职责有以下内容。熟悉所管设备的润滑情况和所需的油质、油量要求。执行润滑"五定"管理制度和"三过滤"规定。检查设备油箱的油位，保持油箱达到规定的油面。按计划配合有关人员负责设备的清洗换油，保证油箱内油的清洗质量。管理油料消耗。配合车间设备员定期检查设备技术状况和油箱洁净情况。监督设备加油工正确润滑保养设备。在设备科的指导下，进行新润滑材料的试验和润滑器具的改进工作。

四、润滑材料及其选择

润滑剂可以改善摩擦面间的摩擦状况，达到控制摩擦、减少磨损等作用。为保证设备的良好润滑，应合理选择润滑剂。

（一）润滑剂分类

设备所使用的润滑材料按其形态可分为气体润滑剂、液体润滑剂、半固体润滑剂和固体润滑剂。纺织设备常用的润滑材料有液体润滑剂和半固体润滑剂。液体润滑剂的来源为矿物油、合成油和动植物油等；半固体润滑剂的来源为矿物脂、合成脂和动植物脂等。

（二）润滑油的主要质量指标

润滑油的质量指标主要有黏度、闪点、凝固点、水分酸值和碱值抗氧化安定性抗乳化性等。

1.黏度

黏度指油品分子间发生相对位移时所产生的内摩擦阻力，表示润滑油的黏稠程度，是润滑油的重要质量指标。它对润滑油的分类、质量鉴定和选用有着重要的影响。

2.黏温特性

润滑油的黏度一般随温度的变化而变化，这种性能称为黏温特性。一般要求在工作温差较大的情况下，润滑油的黏度变化越小越好。

3.闪点

油在一定条件下加热蒸发出来的油蒸汽与空气混合达到一定浓度时与火焰接触，产生短时内闪火的最低温度称闪点。

4.凝固点

润滑油在一定条件下冷却到失去流动性的最高温度，称为凝固点。

5.水分

油品中含水量的多少，以水占油的百分率表示。优良油是不含有水分的。

6.酸值和碱值

中和1g油品中的酸性物质所需氧化钾毫克数称为酸值。中和1g油品中的碱性物质所需酸量为碱值。

7.机械杂质

机械杂质指悬浮或沉淀在润滑油中的物质。

8.残炭

在不通入空气的条件下把油加热，经蒸发分解，生成焦炭状物质的残余物的重量，用占油重量的百分比表示。

9.腐蚀

腐蚀指润滑油对金属产生的腐蚀程度。

10.抗氧化安定性

抗氧化安定性指润滑油抵抗氧化变质的能力。

11.抗乳化性

在规定条件下，润滑油与水混合形成乳化液，在一定条件下静置，油水分离所需的时间。

（三）润滑脂的主要质量指标

润滑脂的质量指标主要有针入度、滴点、水分、抗氧化安定性等。

1.针入度

表示润滑脂软硬的程度，是划分润滑脂牌号的一个重要依据。

2.滴点

表示润滑脂的抗热特性，将润滑脂的试样装入滴点计中，按规定条件加热，以润滑脂熔化后第一滴油滴落下来时的温度作为润滑脂的滴点。

3.水分

润滑脂含水量的百分比称为水分。

4.抗氧化安定性

指润滑脂抵抗空气氧化作用的能力。

5.机械安定性

润滑脂在使用过程中由于转动和滑动，受到摩擦的剪切作用，导致润滑脂的皂纤维结构遭到不同程度的破坏，使润滑脂失去正常工作能力，导致润滑脂变稀和流失。这种使润滑脂抵抗机械剪切作用的能力，称润滑脂的机械安定性。

6.胶体安定性

润滑脂抵抗温度和压力的影响而保持胶体结构的能力。

（四）润滑油添加剂

现代设备具有高速、高性能、自动化和长寿命的特点。单纯用矿物油润滑材料已难以满足设备润滑要求。可在润滑油中添加少量其他物质来改善润滑性能，此少量物质称为润滑油添加剂。在润滑油中增加添加剂是改善油质的经济有效的手段。添加剂按其作用可分清净剂和分散剂、抗氧抗腐剂、摩擦改进剂、抗氧剂、防锈剂等。

五、纺织设备的润滑装置与防漏治漏

润滑方式是指将润滑剂按规定要求送往各润滑点的方法。润滑装置是将润滑剂按确定润滑方式供给所采用的各种零部件及设备。当润滑材料选择后，应采用适当的方法与装置将润滑剂送到各润滑部位，润滑剂的输送、分配、调节方法与装置是否符合要求，对保证纺织设备的润滑，提高纺织设备的工作性能有着重要的作用。

（一）润滑方式的常规分类

润滑的方式是多种多样的，到目前为止还没有统一的分类方法，大致可分为油润滑、脂润滑、固体润滑和气体润滑等。

1.油润滑

包括手工润滑、油池润滑、滴油润滑、飞溅润滑、油绳油垫润滑、油环油链润滑、强制润滑（集中润滑、循环润滑和非循环润滑）喷雾润滑等。

2.脂润滑

包括涂刷润滑、装填密封润滑、滴下润滑、强制润滑。

3.固体润滑

包括整体润滑、覆盖润滑、组合复合材料润滑、粉末润滑等。

4.气体润滑

包括强制供气润滑等。

（二）润滑装置

1.油润滑装置

油润滑的特点是流动性较好冷却效果佳、易于过滤除去杂质、使用寿命较长、容易更换、可循环使用，其缺点是密封困难、容易漏油。

（1）手工润滑装置：油润滑装置简单、使用方便，在需润滑的部位开个加油孔，即可用油壶或油枪进行加油。适应低速轻负荷的简易小型设备。

（2）油池润滑装置：将润滑的零部件安装在密封的箱体中，零部件浸在油池中润滑。

（3）滴油润滑装置：滴油润滑装置依靠油的自重向润滑部位滴油，构造简单使用方便，但给油量不易控制，振动、油面的高低和温度都会改变滴油量。

（4）飞溅润滑装置：用高速旋转的零部件带动油池中的油溅散成飞沫向零部件加油，结构简单、使用可靠，但油沫容易飞溅到其他部件上。

（5）油绳、油垫润滑装置：将油绳、毡垫浸在油中，利用毛细管的作用进行加油。缺点是油量不易调节，优点是能连续均匀供油，油垫还有过滤作用，使油保持清洁。

（6）油环、油链润滑装置：只应用于水平轴润滑依靠套在轴上的环或链把润滑油从油池中带到轴上，流向需润滑的零部件，方法简单，但不适于高速设备。

（7）强制送油润滑装置（集中润滑、循环润滑和非循环润滑）：用油泵将油送到润滑部位，润滑效果好，冷却效果好，可控制加油量，工作可靠。

（8）喷雾润滑装置：用压缩空气将油雾化后，经喷嘴喷射到零部件的表面，有较好的冷却效果。

2.脂润滑装置

（1）手工润滑装置：用油脂枪把油脂从注油孔注入，或者用手填入润滑部位，用于不需要经常补充润滑脂的部位。

（2）滴下润滑装置：将润滑脂装在脂杯里，脂杯有受热式和压力式两种，润滑脂受热或受压后向润滑部件滴下润滑脂。

（3）集中润滑装置：用脂泵将脂罐里的脂输送到各管道，再经分配阀将脂定时、定量地分送到各润滑点去。润滑脂有流动性差、冷却效果差、杂质不易清除的缺点。

3.固体润滑装置

固体润滑剂以粉末形式混在油或脂中使用，润滑装置可直接采用油润滑、脂润滑装置。如采用覆盖膜或组合、复合材料，则不用任何润滑装置，靠自身来进行润滑作用。

4.气体润滑装置

气体润滑装置系统由空气压缩机、减压阀、空气过滤器和管道等组成，是一种强制供气润滑系统。

（三）对润滑装的要求

润滑装置要实现润滑系统机械化和自动化。要求装置性能优良、安全、工作可靠；润滑装置能均匀、连续、定量地供应润滑剂，润滑剂能循环使用；润滑装置有较好的过滤和吸尘功能，确保润滑材料的清洁；装置结构尽可能简单，便于维护与检修；装置有良好的密封性能，无泄漏，不环境污染；润滑装置必须保证各个润滑点能得到良好的润滑。

（四）纺织设备的漏油与防治

设备漏油不仅浪费大量油料，而且污染环境、增加润滑保养工作量，严重时会造成设备事故。因此，设备漏油的治理是设备管理工作中的主要任务之一。设备漏油治理大多采用密封技术，是一项技术性很强的工作。密封技术发展很快，被广泛应用于现代设备中，为防治漏油提供了条件。如果设备达不到密封要求，会造成泄漏。漏油造成纺织设备润滑不良，影响纺织设备的使用性能和正常运行，所以要加强设备的漏油与防治研究，制订好治理方案。

1.漏油及其分级

（1）单台设备无漏油的标准：油滴不得滴落到地面，密封处外部不能有渗油现象；设备内部允许有些渗油，但不能渗入到电气箱内和传动带上；漏油处不得超过设备可能漏油部位的5%。

（2）设备漏油分级：一般分为渗油、滴油、流油3种形式。对固定连接的部位，每半小时以上才滴1滴油者为渗油；对活动连接的部位，每5min以上才滴1滴油者为渗油；每2~3min滴1滴油者为滴油；每1min滴油超过5滴油者为流油。

设备漏油程度等级又分为轻微漏油、漏油和严重漏油3个等级。

2.漏油的主要原因

（1）设计不合理：如密封结构设计不合理，没考虑设备的防腐振动因素，没考虑回油、拆装等问题。

（2）制造与加工精度不良：如加工表面粗糙度过高、配合不好、铸造的气孔和砂眼等缺陷。

（3）密封材料选择不当。

（4）维护工作不及时：如密封件达到了使用寿命但未及时更换，紧固件的松动等。

（5）安装技术不良：如安装位置偏心过大、紧固螺钉预紧力不一致等。

（6）工作条件恶劣：如密封介质被腐蚀，振动剧烈，高温、高压，灰尘侵蚀等。以上各个因素相互交叉、相互影响。只有通过认真分析，才能找出泄漏的主要原因，才能有针对性地采取有效治漏措施。

3.纺织设备漏油的防治途径

防漏治漏是一项系统工程。由于零部件结构形式多样，密封部位和密封结构不同、元件材料的千差万别，因此治漏的方法也各不相同。应针对设备泄漏的原因，从预防入手，在设计上寻找解决问题的方法，然后按照封、堵、疏导和均压等原则，有针对性地进行治理。治理漏油的主要途径有以下7种。

（1）封堵：针对设备质量缺陷，如砂眼、气孔，用焊补或粘补等密封技术来堵住泄漏的通道。

（2）疏导：使结合面不积存油，设计时要设回油槽、回油孔等，借助外力把泄漏出来的部分介质引出来，回收或直接引回油箱。

（3）均压：压力差是设备泄漏的重要原因之一，可采用均压措施来防治漏油。

（4）改：针对不合理的密封结构，改用不易泄露的密封材料或改善系统的压差，重新设计密封结构，把液体润滑材料改成固体或半流体润滑等，达到无泄漏的目的。

（5）接漏：有的部位漏油难以避免，可增设接油盘接油杯，或流入油池、定时清理。

（6）修：修理引起泄漏的零件，提高密封面的精度。

（7）加强管理：制订防治漏油的计划，配备必要的技术力量，加强巡回检查，发现泄漏点时应仔细观察，认真研究、分析，找准原因并采取措施及时解决。

4.制订治漏计划与组织实施

首先对漏油设备进行详细调查，查明漏油部位和了解原因，编制好治漏计划和实施方案，然后组织有关人员具体实施。治漏工作应做好以下3个环节。

（1）查现象、找漏点、分析原因制订方案、提出措施。

（2）采用堵、封接修、焊、改、换等方法来治理漏油。

（3）加强管理，做好有关工作。如健全润滑管理制度、油料供应制度、废油回收利用制度，做好各种原始记录和统计工作。

参考文献

[1]赵群.机械工程控制基础[M].北京：北京理工大学出版社，2019.

[2]王瑞丽，孔爱菊.机械工程控制基础[M].北京：北京理工大学出版社，2019.

[3]张宪民，陈忠.机械工程概论[M].武汉：华中科技大学出版社，2018.

[4]左健民.机电控制工程基础[M].2版北京市：机械工业出版社，2020.

[5]洪华杰，张连超，范世珣.机电控制系统设计与应用[M].北京：国防工业出版社，2020.

[6]廖连荣，刘林.机电控制技术[M].重庆：重庆大学出版社，2018.

[7]芮延年.机电一体化系统设计[M].苏州：苏州大学出版社，2017.

[8]葛宜元，魏天路.机电一体化系统设计[M].北京：机械工业出版社，2020.

[9]李鸿雁.机电产品造型设计[M].长春：吉林科学技术出版社，2018.

[10]陈兆兵，刘晓莉，郭伟.机电设备与机械电子制造[M].汕头：汕头大学出版社，2018.

[11]吴拓.机械制造工程（修订版）[M].4版.北京：机械工业出版社，2021.

[12]李建松，许大华.机械制造技术[M].北京：机械工业出版社，2019.

[13]张娟娟.纺织车间生产管理[M].北京：中国纺织出版社，2015.

[14]夏鑫.纺织设备维修管理基础[M].北京：中国纺织出版社，2014.

[15]孟长明.纺织机械基础[M].北京：中国纺织出版社，2014.

[16]陶建勤，陈锡勇.纺织工艺设备实训[M].2版.北京：化学工业出版社，2019.

[17]辽宁省安全科学研究院.特种设备基础知识[M].沈阳：辽宁大学出版社，2017.

[18]文应财.特种设备安全管理[M].贵阳：贵州科技出版社，2017.